BUSCANDO LA VIDA PARA LA PLENA ALEGRÍA

SAMUEL LEE YATES

Samuel Lee Yates
Buscando la Vida para la Plena Alegría

Publicado por Spines
ISBN: 979-8-89569-376-6

Las citas bíblicas *son de la Biblia* ***ESV®*** *(La Santa Biblia, Versión Estándar en Inglés®), © 2001 por Crossway, un ministerio editorial de Good News Publishers. Usado con permiso. Todos los derechos reservados. El texto de la ESV no puede ser citado en ninguna publicación puesta a disposición del público bajo una licencia de Creative Commons. La ESV no puede ser traducida en su totalidad o en parte a ningún otro idioma.*

Las citas bíblicas marcadas como (NIV) *son tomadas de la Santa Biblia, Nueva Versión Internacional ®, NIV®. Copyright Â© 1973, 1978, 1984, 2011 por Bíblica, Inc. Usado con permiso de Zondervan. Todos los derechos reservados en todo el mundo.*

Las citas bíblicas marcadas como (NLT) *son tomadas de la Santa Biblia, Nueva Traducción Viviente, copyright © 1996, 2004, 2015 por Tyndale House Foundation. Usado con permiso de Tyndale House Publishers, Carol Stream, Illinois 60188. Todos los derechos reservados.*

Uso parcial *de la revista Free Grace Broadcaster (FGB), Número 189, 6 de junio de 2016, Idolatría; La definición y causa de la idolatría por JC Ryle (1816-1900) en dominio público, Idolatría condenada por Charles Spurgeon (1834-1892) en dominio pÃºblico, Culto idólatra por John Flavel (1630-1691) en dominio público, Idolatría hoy - ¿dónde está? por JC Ryle (1816-1900) en dominio público.*

Publicado por Chapel Library, 2603 West Wright St., Pensacola, FL 32505 USA.

Índice

Anexo

Esta obra es una historia de ficción. Sin embargo, incluye muchas referencias bíblicas, así como artículos cristianos. La intención es ofrecer un punto de vista único. ¿Qué espera Dios de nosotros en cuanto a una relación personal con Él? El discipulado y el discernimiento son ciertamente objetivos, afirmando la premisa de que Dios nos ama sin limitaciones, independientemente del alcance de nuestra vida pecaminosa. Como dice el himno, 'Nuestros pecados son muchos, pero Su misericordia es más'. C. S. Lewis sostiene que 'las puertas del infierno están cerradas por dentro' (del libro de C. S. Lewis El gran divorcio).

En esta obra se indican diversas referencias en el punto de uso, que incluyen versiones bíblicas:

Nueva Versión Internacional (NVI)
Versión inglesa estándar (ESV)
Nueva Traducción Viviente (NLT)
C. S. Lewis en frases sueltas.

Los Free Grace Broadcasts proveen una extensa descripción del enorme pecado de la idolatría y sus consecuencias de los santos en los siglos pasados.

Se utilizaron varias fuentes, como Wikipedia, Google Text y pequeñas referencias independientes.

Las fotografías proceden de la selección de viajes de Vecteezy y de la colección "Libre de derechos".

Dedico este esfuerzo a mi viuda, Brenda, que ha proporcionado la columna vertebral cristiana en mi vida, y a mis dos hijos, Kevin y Jennifer. También he incluido a mis otros amores: mis nietos, Kailey, Tristan, Ryan, Ethan y Addison, que han hecho que todo en esta vida valga la pena.

Prefacio

Al tiempo que reconoce la brevedad de la vida, un caballero mayor intenta aferrarse a sus dones mundanos, pero al mismo tiempo reconoce que todos los buenos dones vienen de lo alto. Busca una compañera que le sustituya para encontrar la felicidad en los años que le quedan. Su difunta esposa, de casi cincuenta años, ha fallecido prematuramente y ha emprendido el viaje al cielo. Comienza esta fase de la vida recuperándose de una operación a corazón abierto y se dedica a mejorar físicamente a corto plazo.

Los viajes por el mundo, con todo su potencial cultural y de conocimiento, han sido elegidos como el estilo de vida perfecto. La diversión y el compromiso de viajar deben abrir el camino hacia la felicidad. El hombre descubre que la felicidad en la vida real debe derivar de una relación personal con nuestro Creador. Ninguna otra cosa es alegre ni satisfactoria.

Esta historia es ficticia, aunque algunas referencias a miembros de la familia son intencionadas para recordar situaciones o logros amorosos. Todas las referencias direccionales a Dios se entienden como verdad. Todos los nombres personales han sido cambiados.

Agradecimientos

Quiero expresar mi sincera gratitud a mi familia, amigos y familia de la iglesia por su aliento en este primer esfuerzo de libro, especialmente a mi hija, Jennifer. No podría haberlo logrado sin su inspiración.

Quiero agradecer especialmente a mi profesor de la escuela dominical, Steve Williams, su instrucción sobre "los Profetas Mayores", que llevó a la generación de ideas para esta obra.

Has convertido para mí mi luto en danza;
Has soltado mi arpillera
Y me vistió de alegría,
Para que mi gloria cante tu alabanza
Y no callar.
Dios mío,
Te daré gracias
¡Para siempre!

SAL 30:11

1

Abajo Pero No Fuera

Bueno, debo estar vivo porque puedo verte. "¿Cómo te sientes, papá?" Susan pregunta.

"Me siento como un tren descarrilado y mi pecho parece un yunque roto. ¿Cuánto tiempo ha durado todo esto?"

"Papá, ayer por la tarde tardaron tres horas y media en hacerte un triple bypass y un Rotor-Rooter en la carótida izquierda".

"Vaya", exclamo. "Todavía respiro, así que Dios no debe haber terminado conmigo todavía".

Susan sonríe. "Sí, así es. Me alegro de que te despertaras fuera del pulmón de acero, el respirador detrás de ti, porque estabas en eso, y tenía miedo de que esto te asustara cuando te despertaras."

"Bueno, nunca lo vi", digo. "Nunca vi nada".

Mi nombre es Mark Evans, y esta historia comienza en julio de 2015 con una cirugía de corazón y sigue un patrón a través del esfuerzo de recuperación física humana, continuando con el matrimonio convencional, mientras explora la revelación natural de Dios. Muchas sorpresas de la vida apuntan hacia una directiva dada por Dios.

Aquí viene la enfermera. "Sr. Evans, ¿siente algún dolor?"

Le respondo: "Bueno, me duele todo. Sí, me duele todo y estoy muy dolorida hasta la mitad de mi pecho".

"Podemos ayudar a aliviar el dolor ahora". Así que ella aumentó la cantidad de morfina que va en el IV temporalmente, pero los docs no me dicen que una vez que he despertado, la morfina se reducirá en gran medida. Ahora intento mantenerme despierto y tal vez hablar con Susan sobre lo que pasa en la casa. Susan me cuenta que la casa está llena y que Kelvin y Stenny llegarán dentro de una hora. La enfermera comenta que me trasladarán dentro de una hora más o menos. Estoy contenta de estar viva pero muy dolorida y espero que la recuperación no sea demasiado onerosa. Tengo la boca muy, muy seca. Bebo agua con una pajita. Siento la lengua como un guante de béisbol muy viejo que debería haber tirado a la basura, ya que está muy gastado y tiene agujeros.

Susan dice: "Espero que la sección nerviosa que va con el lado izquierdo de la lengua esté bien. Advertí a los médicos sobre esto antes de la operación, y todos juraron que todo estaba bien."

"No sé de qué me estás hablando". Frunzo el ceño.

"Saca la lengua", dice Susan. "Parece que la lengua no quiere salir recta, así que está relacionado con afecciones cerebrovasculares. La enfermera tendrá que mirarlo e informarnos".

Veo que las enfermeras han vuelto. "¿Son bajas mis posibilidades de recuperación?" Pregunto.

La enfermera responde: "Es usted afortunado, Sr. Evans. Su cintura mide menos de cuarenta pulgadas, así que sus posibilidades de una vida casi normal son buenas. Ese es realmente el mejor indicador de todos". Sorprendentemente, la misma historia de la cintura se repite muchas veces durante mi recuperación inicial, observo.

"Sr. Evans, sabremos más sobre el estado de su lengua cuando empiece a comer algo. Esperaremos al menos cuatro horas antes de intentar alimentarle. ¿Le parece bien?"

Le respondo: "Oh, Dios mío, sí. No podría catar nada ahora aunque tuviera que hacerlo, pero pequeños sorbos de agua es todo lo que quiero en este momento. Gracias".

Hurra, aquí están Kelvin y Stenny. Kelvin sonríe: "Lo has conseguido. Me dicen que eres un tipo bastante fuerte".

"Bueno, tal vez no fuerte, pero al menos de carácter fuerte. ¿Quién está en la casa?"

"Hannah. Todos los nietos."

"¿La casa sigue ahí?" pregunto.

"Casi siempre".

"Bueno, tómatelo con calma, ya que podría tardar un poco en volver. Duele mucho, pero me pondré bien. Lo único que tengo que tener es determinación. Y tengo mucha determinación con la ayuda de Dios".

La enfermera acaba de entrar otra vez. "Sr. Evans", dice, "vamos a tener que moverle un poco. Veamos si puede levantarse y ponerse de pie junto a la cama".

"Tienes que estar de broma", frunzo el ceño. "No puedo ni moverme y estoy muy dolorida".

La enfermera insta diciendo: "Vamos a intentarlo. Lo intentaremos fácilmente, y tenemos gente que nos ayudará a sostenerte y cogerte. Veamos si puedes ponerte de pie junto a esta cama tú solo".

"Vale, umm... Bueno, no está tan mal".

"Mira si puedes apretar mi mano. Bien. Vamos a refrescar la cama mientras estamos aquí, y tú quédate aquí un ratito. Tenemos a alguien que te agarre para que no te caigas. Así estarás bien".

"De acuerdo. Sí, sí, supongo", digo. "Está mejorando un poco ahora. Y me estoy concentrando un poco mejor ahora. Dios." Eso sólo tomó unos quince minutos, así que es bastante bueno. "Todavía me siento bien". Me preocupo.

Tengo al menos diez mil cables y líneas y cosas saliendo de mí por todas partes. Tenemos que maniobrar con ellos. Es como si estuviera dando vueltas con una cama de serpientes. Bueno, estamos de vuelta en la cama y estamos listos para intentar algo más. Probemos a ver si podemos comer algo. Aparece una bandeja de comida. "Vaya, me duele el pecho".

"Te parten el esternón por la mitad", señala Susan.

"Sabe bien", comento. Pero no soy capaz de limpiar los lados de mis mejillas con la lengua. No puedo moverla. Tengo que hacerlo con el dedo. Está en el lado izquierdo.

Susan repite: "Tenía tanto miedo que la única manera de salir de esta es conseguir un logopeda. He hecho que te preparen un programa de entrenamiento".

La enfermera también está de acuerdo.

"A partir de ahora, hasta que estés bien, y te den el alta, vas a tener que tomar alimentos que lleven espesante, incluida el agua. Así que no puedes tomar agua que sea simplemente agua fresca para beber. Hay un peligro importante de atragantamiento".

"Tío, ¿va a ser algo por lo que pasar?". Suspiro. La comida será el principal problema durante mi estancia en el hospital, al menos mientras esté en la UCI.

"Mucho por lo que pasar, supongo", dice la enfermera. "Aquí vienen los del pulmón".

agonizo. "Me duele mucho en el centro del pecho. Supongo que hay que hacerlo. Supongo que la idea es prevenir la neumonía, pero vaya que es algo con lo que hay que lidiar". Tengo que soplar contra una resistencia dos veces por turno durante veinte minutos por sesión. Además, tengo que apretarme el pecho con una almohada para la tos y me instan a toser todo el día. Me alegro de que haya terminado este tratamiento de mis pulmones y de que haya entrado el médico. "Dr. Casey, gracias, gracias en nombre de Dios".

El Dr. Casey afirma: "Merece la pena salvar todas las vidas humanas", y también cuenta que se jubila y que yo puedo ser el último paciente de su carrera. "Interesante, ¿verdad?" Dice que todo ha ido bien, aunque puede quedar algo de tejido cicatricial, pero no mucho, y que espera que mi vida vaya bien. "Te queda un largo camino para recuperar músculo, así que ven a la consulta a finales de mes o el 28 de julio. Eso sería veintiocho días o cuatro semanas después de la operación propiamente dicha. ¿Entendido?"

"Sí, lo prometo. Allí estaré. Esta dificultad temporal es una oportunidad para entender mejor a Dios". Más tarde supe que el Dr. Casey está muy bien considerado como el mejor cirujano cardíaco del norte de Florida.

"Vaya, es el segundo día, y qué noche". Guiso. Con toda la gente pulmonada y los diferentes controles y todo lo demás, no he dormido mucho, pero de todas formas llevo demasiado tiempo tumbado.

La enfermera dice: "Hoy tendrá que pasar un mínimo de doce horas en una silla erguida".

Me pregunto: "¿Cómo voy a sentarme en una silla doce horas? No puedo hacerlo estando sano".

La enfermera le dice: "Se te hinchan mucho las piernas. Tiene que apoyar mucho las piernas y siempre hay alguien que le ayuda a ir al baño. Le quitaremos el catéter probablemente mañana. ¿Estás preparada?"

"Todavía no he comido nada", me quejo.

La enfermera responde: "Lo arreglaremos en cuanto esté en la silla, y tiene que verle un logopeda. Recibirás formación para poder volver a llevar una dieta normal. Tienes que aprender a gatear de nuevo".

"Milord", exclamo.

La logopeda ya está aquí para que podamos empezar. Realiza varias pruebas del habla y concluye: "Tenemos mucho trabajo por hacer. Tenemos que hacer un programa de ejercicios con la lengua antes de intentar comer. Estos ejercicios tienen que hacerse en varios intervalos a lo largo del día. Su dieta se limitará a alimentos fácilmente comestibles y no contendrá líquidos finos, ni siquiera agua."

Lo comprendo. "Esto es demasiado arriesgado como peligro de asfixia hasta que esté mejor. Estoy obligado a comer, o intentar cualquier ingesta de alimentos, delante de un clínico". Sé que es lo mejor para mí y para mi seguridad, y que estas restricciones son necesarias, pero estoy lista para comer una comida completa. Me siento como si me estuvieran castigando.

Elogio a la logopeda y le agradezco sus esfuerzos. Ahora que esta sesión ha terminado por hoy, puedo reflexionar sobre los días anteriores al infarto. Lo primero que recuerdo es una carrera con dos jóvenes en una tirolina muy peligrosa en Haití. La tirolina estaba a mil pies de altura y sobre una masa de agua bastante grande, alcanzando velocidades de más de setenta millas por hora. Al salir de la tirolina, un joven haitiano me chocó los cinco. Muchas felicidades a alguien que tiene setenta y cinco años y se cree que tiene veinte. Sigo pensando en el propio barco y en visitar Cozumel (México) antes de embarcar en un avión de regreso a Atlanta tras el crucero. El infarto se produjo en Atlanta en cuanto el avión despegó de la pista. Como nos dirigíamos a Jacksonville, decidí no informar a los auxiliares de vuelo de que podía haber tenido un problema cardíaco, ya que no quería que me hospitalizaran en Atlanta. Tras intentar desembarcar en Jacksonville y subir por la rampa, experimenté una pérdida total de fuerzas y pedí ayuda dentro de la terminal. Tras algunas comprobaciones por parte del personal de rescate, me preguntaron a qué hospital quería ir. Tras seleccionar Baptist downtown y llegar a la sala de urgencias, un grupo de personal del hospital se apresuró a asistirme.

El cardiólogo insertó una bomba cardiaca para ayudar a aliviar la dolencia, aunque en realidad el dolor cardiaco no era tan grave. Sin embargo, insertar un sistema de bomba cardiaca por la ingle es muy incómodo. Mientras tanto, había muchas pruebas y muchas personas trabajando sobre mí mientras una enfermera o un médico me hacían continuamente varias preguntas. Es difícil oír, y mucho más moverse, mientras alguien te acosa. Por fin, el equipo parecía haber terminado y pude trasladarme a una habitación de la UCI.

Las cosas empezaron a calmarse y me sentí mucho mejor. Una enfermera me ofreció comida sin restricciones reales.

El médico me visitó y mencionó que debíamos esperar uno o dos días a que mejorara mi estado de salud antes de considerar la posibilidad de realizar un bypass. Sugirió limpiar la arteria carótida izquierda bajo anestesia.

De momento no me han dado un calendario concreto. Una enfermera del preoperatorio mencionó que, dado que mi cintura mide menos de cuarenta pulgadas, las posibilidades de supervivencia a largo plazo son excelentes. Era miércoles y pensaba que me estaba debilitando. Transmití mi fragilidad al Dr. Casey esta mañana, y todos pensamos que debíamos programar las operaciones de bypass para mañana.

Finalmente listo, este era el gran día. Espero que Dios me permita vivirlo, y espero que mis hijos no estén aterrorizados En realidad, estaba deseando que llegara este día y era muy optimista, sin ningún miedo. Hubo una gran preparación, con una enfermera asignada para supervisar todos los cuidados preoperatorios. Parecía que instalaban el catéter después de la anestesia.

Entramos en el quirófano y hacía un frío que pelaba. La enfermera casi me deja caer mientras me trasladaba a la mesa de operaciones. Por suerte, tuve fuerzas para aguantar. Otra enfermera pudo agarrarme después de que aguantara casi un minuto. Menudo susto, y espero que no sea un presagio. La anestesia había comenzado, y lo siguiente sería abrir los ojos tras una operación exitosa.

Ahora volvamos al tiempo real.

Al despertar en el tercer día después de la operación, hay muchas actividades programadas para hoy. Esta mañana se me ha acercado una enfermera para decirme que estaban listos para quitarme el tubo de drenaje, lo que puede resultar un poco incómodo. Hacen falta dos personas para este trabajo: una para presionarme el pecho y otra para sacar el tubo de drenaje. Sin duda, es el mayor dolor que he experimentado nunca. Es como si me pusieran todo el cuerpo del revés desde la mitad, como si me pusieran una bota de bombero del revés después de una larga misión. El dolor persiste desde hace más de treinta minutos, pero está remitiendo lentamente. Me quitan el catéter y una de las vías.

"Buenos días, Susan. Me alegro de verte hoy. En realidad, siempre me alegro de verte. ¿Debería irme a casa mañana tal vez?"

"No, papá", responde Susan. "Todavía no te vas a casa. Vas a ir a un hospital de rehabilitación durante dos semanas para aprender a valerte por ti mismo y a funcionar de forma independiente. Medicare cubre todos los gastos y es una buena sugerencia, así que no te enfades. Estarás mucho mejor así".

Le respondo: "Sigo con estos ejercicios pulmonares y no con el logopeda".

"Me doy cuenta", argumenta Susan. "Pero esto es aparte para que seas capaz de manejarte de forma independiente y no necesites a alguien en casa. Sin embargo, también hemos programado fisioterapia y logopedia, si es necesario, para que vengan a casa cuando te den el alta en el hospital de rehabilitación."

Frunzo el ceño. "Esperaba que este trato estuviera más cerca de terminar que eso, aunque me doy cuenta de que aún estoy débil. Así que mañana por la mañana, ¿partiré hacia dónde?".

"El hospital Brooks, aquí en la ciudad", expresa Susan. "No podíamos traer muchas visitas a la unidad de UCI, pero durante su estancia en Brooks, no hay restricciones. Así que podremos traer a todo el mundo, especialmente a Addy haciendo sus rutinas de volteretas de carretilla".

Le respondo: "Entiendo que será mucho mejor. Sabe que ya he estado haciendo algunos ejercicios aquí. Me muevo con la ayuda de un andador y hago algunos ejercicios con los hombros. La fisioterapeuta de aquí parece ser una señora muy fina y competente".

"Lo sé, papá", revela Susan, "pero Brooks será mucho mejor que cualquier cosa que recibas aquí. De hecho, tienes que estar en muy buena forma, o Brooks no te aceptará. Trabajan con un programa muy riguroso y son clínicos muy disciplinados."

Uno de los médicos entra en la habitación. "Vamos a mantenerte un día más para asegurarnos de que respiras bien, ya que sigues usando oxígeno por la noche".

Interrumpo: "No estoy usando oxígeno ahora. Por favor, vuelva a comprobarlo".

La enfermera dice: "Al menos puedes ver el espectáculo de fuegos artificiales del 4 de julio en el río".

Los fuegos artificiales fueron espectaculares. Supongo que me alegro de haberlo visto. Ahora estoy esperando para volver a casa. Mañana será a Brook.

"Vaya, estoy sudando", digo. Había olvidado el calor que hacía aquí en julio, en Jacksonville. Frunzo el ceño. Después de haber estado en el refrescante aire del hospital, esto es como salir a una sauna. La ambulancia llegará enseguida.

2

Recuperación Guiada por Dios

Hoy vamos a Brooks Rehab. Después de estar fuera con un día caluroso y un sol abrasador, puedo apreciar el excelente control del aire en el interior del hospital, donde nada se me mete por la nariz y tengo la cabeza perfectamente despejada. Fuera, es la típica miseria veraniega de Florida. Es tan completamente diferente cuando no has estado fuera en un tiempo. Llegamos al Centro de Rehabilitación Brooks. Mi estancia aquí está programada para dos semanas. Espero hacer un buen trabajo y mostrar independencia en un plazo más corto. Estoy muy dispuesta a volver a la vida normal en cuanto sea físicamente capaz, o al menos a trabajar para ello. Estoy dedicando mi vida a restablecer mi máximo yo.

La primera persona que veo es una ancianita que parece tener muchos años de experiencia en el negocio de la rehabilitación. Me presenta a Brooks y me da un programa de actividades para mi estancia. También me va a dar una larga charla sobre la modestia y me va a explicar por qué la modestia no es coherente con el protocolo del hospital. Me explica que todas las personas que van a trabajar conmigo son enfermeras o rehabilitadoras y que todas ellas lo han visto todo desde todos los ángulos y lo saben todo sobre la anatomía masculina. No debo ser tímido en lo más mínimo, ya que me limpiarán cada día , y alguien estará a mi alrededor todo el tiempo, a excepción de cuando duerma. Ella llama al personal de Brooks mis nuevos ángeles de la guarda. Esta conversación se prolonga durante al menos cuarenta y cinco minutos, y le aseguro que soy plenamente consciente de que no hay lugar para el pudor en una situación clínica. Entonces me recuerda que no puedo comer sin la presencia de un logopeda. Vaya, creía que todo este asunto de la comida estaba decidido y resuelto antes de salir del Hospital Baptist. Así que tengo que pasar al menos otro día antes de disfrutar de comida de verdad. Después de que me den todos los medicamentos, es hora de irse a la cama. Dios mío, qué aburrido está empezando a ser esto. Estoy segura de que todo mejorará y de que mañana haremos muchos progresos, con la ayuda de Dios.

Buenos días, Dios. Tenemos un nuevo día y un nuevo comienzo, y tengo que esperar otra hora a la logopeda, así que me calmaré y leeré devociones. Por fin llegó la logopeda, y le expliqué que me habían dado el alta en Baptist antes de venir, y me dijo que lo comprobaría para confirmar mis progresos. Mientras tanto, empecé de nuevo con los ejercicios de lengua y las técnicas de deglución para demostrarle que era capaz de comer con normalidad. Vuelvo a desayunar con espesantes y todas las experiencias de mal sabor que ello conlleva. Más tarde, tengo programada algo de fisioterapia y entrenamiento con pesas.

Levantar pesas y hacer ejercicio van bien. Soy lo bastante fuerte para afrontar el reto que tengo ante mí. Después de hacer ejercicio durante treinta minutos, intento ponerme de pie y casi me caigo. Me siento muy mareada. El terapeuta me toma la tensión y la encuentra excepcionalmente baja. Interrumpe temporalmente el programa de ejercicios hasta que recupero la tensión. Vuelvo a la silla de ruedas y descanso en la cama entre veinte y treinta minutos. La rutina pasa ahora a verificar mi aptitud y a demostrar que puedo realizar tareas de forma independiente. Empiezo por acostarme y levantarme, hacer la cama, atarme los zapatos, lavar la ropa y cosas por el estilo. Esta actividad continúa a lo largo del día y voy completando y marcando tareas individuales. En tres días he alcanzado la competencia. La mayoría de las tareas de autocuidado se marcan como completadas.

Cambiamos de actividad para manejar un coche y evaluar si puedo caminar por la calle con la ayuda de un andador. Terminamos con el baño para determinar si puedo ducharme o si necesito una silla de ducha, etc. El terapeuta parecía encantado con mis progresos y dijo que no necesitaría quedarme dos semanas. Bien. Aún así, tengo que demostrar que soy físicamente capaz de subir dos tramos de escaleras y caminar sin el andador una distancia preestablecida. Intento hacerlo lo mejor posible. Parece que estoy recuperando fuerzas, aunque me doy cuenta de que aún me queda mucho camino por recorrer.

Los ángeles terapeuta hablar en mi nombre al médico supervisor para mi liberación de Brooks. Parece reacia a dejarme salir en la mitad del tiempo asignado. Pero con un esfuerzo hercúleo, subiendo y bajando tres pisos por la escalera, la convenzo de que estoy listo para irme. Me informa de que pueden pasar doce semanas hasta que pueda conducir. Inmediatamente llamo a Susan para que venga a recogerme. Así que me voy en seis días y medio en lugar de catorce. La logopeda nunca me da el alta, pero siempre como en la cafetería sin problemas. Me siento bien, sólo que parece que no tengo suficiente músculo. Aquí está Susan, gracias a Dios, lista para irse ya. Susan tiene la amabilidad de darme una vuelta en coche por la zona para ver los cambios y recordar lo mucho que me gusta vivir aquí, en el norte de Florida. Por supuesto, ella también podría estar retrasando para dar a los de la casa la oportunidad de enderezar. ¡Ja, ja!

Y por fin, ya de vuelta dentro de mi casa, menudo lío con la multitud, aunque estoy muy contenta de que estén todos aquí y de que todos se interesen por lo que me pasa. Stenny me ayuda con la manguera de presión que tengo que llevar para reducir la hinchazón de mis piernas, pies y tobillos. Esto también tendrá que continuar hasta que vea a un especialista en venas que comprobará si hay coágulos de sangre o algún daño.

El lavavajillas está a rebosar, y estoy segura de que funciona así todo el día, todos los días. Mi preciosa y dulce perra, Kittie, me recibe con las patas abiertas y mucho cariño. Gato una dieta prístina y sana en casa para preparar mi visita al cardiocirujano del día veintiocho. Me fijo los mismos objetivos de ejercicio para poder caminar al menos media milla, si no una milla, para el día veintiocho sin andador.

Puede que me tambalee o me caiga, pero no renunciaré. Esta noche me lo tomo con calma tras el primer día de vuelta a casa. Pero ahora que estoy en casa, algunos familiares se irán. Kelvin y Stenny se quedarán aquí, pero todos los demás volverán a sus respectivos hogares. Es agradable tener una familia cariñosa. Gracias, Señor.

Esta mañana empiezo a hacer ejercicio temprano con el andador. Camino algo más de 400 metros hasta pasar la señal de stop y luego vuelvo a casa, así que son unos 800 metros en total. Parece que cada vez me canso menos, así que cada día alargo un poco más la caminata. Al cabo de unos cinco días, camino unos tres cuartos de milla con el andador y unos cuartos de milla sin él. Al sexto día, puedo andar unos 800 metros sin andador y cada vez me siento mejor. Recuerdo que la cita con el médico es dentro de unos cuatro días, y en serio, quiero hacer una buena actuación para el médico para que *me* permita conducir un coche. Conducir un coche es una de las mayores medidas de independencia que se me ocurren. Dos días más y podré caminar un kilómetro y medio sin ayuda. ¡Hurra! Definitivamente me siento mucho mejor y cada vez estoy un poco más fuerte.

Llega el gran día. Cuando entro en la sala de espera del cirujano caminando sin ayuda, nadie parece darse cuenta. Tras hablar con la enfermera de programación, Kelvin y yo esperamos al médico. Entramos en su despacho y el médico me dice: "Tienes buen aspecto, pero en realidad nunca has tenido mal aspecto en todo esto, lo cual es asombroso".

Inmediatamente pregunto: "¿Puedo conducir?".

El médico responde: "Por supuesto, ya puede conducir. No hay ningún problema. Tu mayor problema es la pérdida de masa muscular, y tendrás que hacer rehabilitación cardiaca para solucionarlo." Pregunto si hay algo más de lo que deba tener cuidado, y el médico responde: "Nada debería interferir con usted desde la cirugía. Tu esternón está curado, así que, aparte de algo de dolor, no hay nada de qué preocuparse". He hecho lo correcto", se ríe, "y estarás bien como el oro". Como parece que estoy bien y puedo desenvolverme solo, Kelvin y Stenny deciden irse a casa para que pueda recuperar mi vida independiente y desenvolverme solo.

Continúo con los ejercicios de mejora muy diligentemente durante los treinta días siguientes. Luego, un viernes, lo celebro en exceso comiendo quesadillas de gambas en mi restaurante local favorito, lo que me provoca una experiencia gástrica muy dolorosa. Lo suficientemente grave como para enviarme a urgencias. Los problemas estomacales me han atormentado durante los últimos años, así que el médico de cabecera decide mantenerme en el hospital un par de días, aunque el estado del ataque mejora en pocas horas. El médico de guardia de fin de semana, de mi grupo de médicos de cabecera, comprueba los análisis de sangre y decide eliminar el diurético que me receta el cardiólogo. Este cambio provoca otra visita a urgencias en ambulancia.

El lunes por la noche, hacia medianoche, experimento una dificultad respiratoria extrema. La situación sigue empeorando, así que, de urgencia, llamo a una ambulancia. Jadeo y me pregunto si me estoy muriendo. Nunca antes había luchado con ninguna enfermedad que se pareciera al desastre interno que me está ocurriendo. Una vez en el hospital, las enfermeras me ponen una mascarilla de presión en la cara, que me obliga a espirar mientras la mascarilla empuja el aire hacia dentro. La mascarilla hace que el pecho se mueva hacia dentro y hacia fuera como una respiración normal. Aunque resulta muy incómoda durante unos quince minutos, la mascarilla consigue controlar la frecuencia respiratoria.

También recibo inyecciones intravenosas de Lasix para eliminar el exceso de líquido de los pulmones. Con este procedimiento se eliminan de forma natural aproximadamente dos kilos de agua del organismo. Una vez controlada la emergencia, un cardiólogo diagnostica el problema como insuficiencia cardiaca congestiva. Me explica que esta enfermedad se debe a que la parte superior del corazón late a un ritmo y la inferior a otro (fibrilación auricular). Me dice que va a reajustar el ritmo cardíaco mediante almohadillas eléctricas y que me recetará un nuevo medicamento. Le cuento que mi infarto fue algo doloroso, pero esa preocupación no es nada comparada con la sensación de ahogarse con una insuficiencia cardíaca congestiva.

Mientras espero en el quirófano a que me restablezcan el ritmo cardíaco, intento convencer a la enfermera para que empiece antes. Me administran una anestesia mínima para dejarme inconsciente y luego me reajustan el ritmo cardíaco. Vaya, parece como si nunca hubiera tenido un infarto, y eso que he estado en plena forma física toda mi vida. Esta sensación de euforia viene de tener el corazón funcionando con un ritmo exacto. En el hospital me dan una galletita y una coca-cola y me mandan a casa. La vida me sienta de maravilla, aunque debo ir al centro Baptist para rehabilitación cardiaca. El cardiólogo me advierte que tome religiosamente la nueva medicación para el ritmo cardíaco, aunque mantiene algunas reservas sobre la seguridad real de la medicación. (Esta nueva medicación se retira finalmente aproximadamente dos años y medio más tarde debido a las preocupaciones de seguridad del médico). Le pregunto al cardiólogo si se puede repetir el procedimiento de restablecimiento para controlar la fibrilación auricular. Dice que no quiere hacerlo más de una vez cada dos o tres años. Me dice que la vida será igual de larga y casi igual de cómoda sin el restablecimiento y posiblemente sin medicación. Principalmente, el diurético y un anticoagulante son los dos medicamentos principales para mi enfermedad. No tolero bien otros medicamentos.

La rehabilitación cardiaca resulta ser bastante beneficiosa. La sesión inicial va bien, e incluso sugiero intensificarla ya que no estoy trabajando lo suficiente. A medida que se realizan los ejercicios, se monitoriza un electrocardiograma continuo en un puesto de control central. Los ejercicios se detienen periódicamente para medir la tensión arterial y la frecuencia cardiaca. En cada medición me preguntan cómo me siento. Los datos se recogen semanalmente y se resumen cada tres semanas. Este cuidadoso proceso de control permite que el ejercicio continúe a un ritmo moderado sin sobrepasar nunca un máximo. Es decir, aparentemente se quiere trabajar a un nivel de esfuerzo beneficioso sin causar ningún daño. Desde luego, no quiero superar un máximo y provocar un nivel de esfuerzo peligroso. Los resultados van tan bien que se recomienda un ecocardiograma. El nuevo ecocardiograma indica una función cardiaca casi normal del 50 al 55 por ciento (fracción de eyección). Este valor entusiasma al cardiólogo y le dice: "No tenía ni idea de que estuvieras en tan buena forma".

Como los resultados del corazón van bien, decido dejar los ejercicios del centro de rehabilitación y construir mi propia sala de ejercicios en casa. De este modo, puedo seguir haciendo ejercicio indefinidamente sin tener que hacer el largo trayecto hasta el hospital del centro. El cardiólogo local me sigue de cerca. La mayoría de mis problemas cardíacos han remitido, y mis pensamientos se centran en mi amor y gratitud a Dios. Me doy cuenta de que Dios ha estado muy cerca de mí todo este tiempo y aún no ha terminado conmigo. Reflexiono sobre el hecho de que Dios no está lejos y no está limitado por el tiempo; por lo tanto, Dios está en un lugar, justo a mi lado. Siento que puedo tocarle.

Dios es infinito, y nada más lo es. Aceptar esta verdad sólo da sentido a nuestro yo físico-material, que es limitado, mientras que también nos damos cuenta de que Dios es omnipotente, omnisciente y omnipresente. Él es totalmente soberano, y nada más lo es, y sin embargo nos ha creado a cada uno de nosotros de forma individual y única en nuestro mundo de carne. No hay dos seres humanos exactamente iguales. Disfruto divagando en estos pensamientos, teniendo en cuenta mi formación como ingeniero. Desde el infinito reino espiritual, uno podría especular que toda la historia de la humanidad está sucediendo a la vez. Es decir, que el principio de los tiempos y el fin de los tiempos son acontecimientos simultáneos. Nuestra fe en Dios nos proporciona la confianza de que I le gobierna y mantiene jurisdicción sobre todas las cantidades dimensionales. La vida para nosotros está determinada por nuestra relación personal con Dios. Todos los dones de nuestra vida proceden de Él. Él es como un marido muy atento.

Estoy agradecido de que Dios nos haya proporcionado Su revelación escrita en la Biblia para que podamos comunicarnos personalmente con Él. Repasemos algunas de las comunicaciones de Dios sobre el tiempo y la distancia en la Biblia. Comenzando con el tiempo de Dios, encontramos:

> Porque dice que en el tiempo de mi favor te oí, y en el día de salvación te ayudé. Te digo que ahora es el tiempo del favor de Dios ahora es el día de la salvación.

2 Corintios 6:2

Y el mundo pasa junto con sus deseos, pero el que hace la voluntad de Dios permanece para siempre.

1 Juan 2:17

Que ha hecho que todo sea bello en su momento. Además, ha puesto eternidad en el corazón del hombre, pero de modo que éste no pueda averiguar lo que Dios ha hecho desde el principio hasta el final percibí que no hay nada mejor para ellos que estar alegres y hacer el bien mientras vivan.

Eclesiastés 3:11

Porque yo sé los planes que tengo para vosotros, declara el Señor, planes para bienestar y no para el mal, para darte un futuro y una esperanza. Entonces invócame y ven a rezarme y yo te escucharé. Te escucharé. Búscame y encuéntrame.

Jeremías 29:11

Porque tanto amó Dios al mundo que dio a su hijo único, para que que todo el que crea en él no perecerá, sino que tendrá vida eterna.

Juan 3:16

Debemos trabajar las obras del que me envió mientras es de día, de noche viene cuando nadie puede trabajar mientras yo sea el mundo yo soy el luz del mundo.

Juan 9:4

El corazón del hombre planea su camino, pero el Señor establece sus pasos.

Proverbios 16:9

No publiques sobre mañana, porque no sabes lo que es un día puede traer.

Proverbios 27:1

Mis tiempos están en tus manos, líbrame de las manos de mi enemigos, de los que me persiguen.

Salmo 31:15

Enséñanos a contar nuestros días, para que adquiramos un corazón sabio.

Salmo 90:12

La distancia de Dios para la humanidad tiene más que ver con la actitud que con la distancia física. Muchas personas afirman que quieren acercarse a Dios; sin embargo, en realidad Él está a tu lado todo el tiempo, por lo que acercarse equivale a aceptar y gozar del amor de Dios, que está ahí para que cualquiera lo reciba. Dios ha hecho que la relación sea muy fácil de lograr. Sólo tienes que empezar a leer la Biblia. Después de leer el Génesis, los Evangelios y el libro de los Hechos, ya debería estar convencido. Dos versículos alarmantes de la Biblia advierten a la humanidad que no ignore su futuro. Son los siguientes:

No todos los que me dicen,
Señor, Señor, entrará en el Reino de los cielos, pero el que docs
La voluntad de mi padre que está en los cielos.
Aquel día muchos me dirán: "Señor, Señor, ¿no hemos
profetizar en tu nombre, expulsar demonios en tu nombre y hacer muchas
obras poderosas en tu nombre y entonces les declararé que nunca
os conocía, apartaos de mí, obradores de maldad".

Mateo 7:21

Dos hombres subieron al templo a orar, uno fariseo
y el otro un recaudador de impuestos. El fariseo, de pie, oraba así:
"Dios, te doy gracias porque no soy como los demás hombres, extorsionadores, injustos,
adúlteros, o incluso como este recaudador de impuestos. Ayuno dos veces por semana, doy
de todo lo que tengo. Pero el recaudador de impuestos, estando lejos, no quiso
ni siquiera alzaba los ojos al cielo, sino que se golpeaba el pecho diciendo: "Dios, sé
misericordioso conmigo, pecador. Os digo que este hombre bajó a su casa
justificada, en lugar de la otra, porque cualquiera que se exalte a sí mismo será
humillado, pero el que se humille será ensalzado".

Lucas 18:9-14Lucas 18:9-14

La importancia de estos dos versículos se analizará más adelante en este texto. Es un hermoso día de otoño, y pienso en lo maravilloso que es estar vivo y ser testigo de la revelación natural de Dios. Recuerdo lo maravilloso que fue casarme y lo gratificante que fue esa experiencia. Pienso que tener un compañero en mi vida sería un regalo maravilloso, tal vez dado por Dios. No he tenido una compañera de vida desde que mi increíble esposa, Brenda, falleció hace cinco años mientras disfrutaba de un gratificante matrimonio de cuarenta y nueve años. Recuerdo la traumática experiencia y la total sensación de pérdida, y sé que nunca volveré a encontrar la misma felicidad. Rut quiero un compañero de vida para terminar el resto de mis años. Tal vez uno de los servicios de citas en línea sea una buena primera opción. Aunque llevo cinco años viviendo aquí, mi experiencia como compañero se ha limitado a jugadores de bridge. Termino de pasear a mi fiel perra, Katie, y empiezo a buscar un servicio de citas en línea para personas mayores. Elijo un servicio de citas, relleno los formularios y completo el perfil, siendo modesto. Mi primer requisito para una nueva pareja es que sea una mujer piadosa.

Quiero unirme a una iglesia local una vez que la pareja se materialice. En veinticuatro horas, tengo dieciséis candidatas interesadas. Me parece asombroso. Después de una semana, he seleccionado seis candidatas únicas como potenciales compañeras de vida. Estos incluyen los siguientes:

1. Arlene, profesional inmobiliaria que ha enviudado y vive en Jacksonville Beach.
2. Jan, profesora de psicología que ha enviudado y vive en Jacksonville.
3. Catherine, una doctora viuda agente de inversiones que vive en St. Simons Island, Georgia.
4. Julie, ama de casa divorciada que vive en Jacksonville.
5. Wilma, ama de casa divorciada que vive en Jacksonville.
6. Celeste, ama de casa viuda que vive en Fernandina Beach.

3

Expectativas de los Acompañantes y Luna de Miel Anticipada

Si pudiera hacer una elección inmediata, elegiría a Arlene, ya que también conoce a algunos de mis amigos de la zona de Jacksonville Reach. Los primeros correos electrónicos con Arlene suenan muy prometedores, salvo que va a tener que pasar el invierno en Dakota del Norte. Su hijo se va a dedicar al negocio del petróleo y está instalando allí a su familia, por lo que Arlene quiere asegurarse de que su nieto también se instale de forma adecuada y segura.

Pasarían al menos tres meses antes de que pudiera celebrarse una reunión cara a cara con Arlene. Durante su estancia en Dakota del Norte, Arlene me envía todos los días un correo electrónico, lo que me hace quererla aún más. Es una mujer muy atractiva y una persona muy dulce.

He quedado con Jan un par de veces para comer y la conozco un poco. Parece una persona maravillosa, aunque está tan ocupada que es casi agobiante. Me cae muy bien pero tardo en ponerme en contacto con ella.

Los correos electrónicos a Catherine avanzan hacia la fase de llamada, en la que se consigue un contacto verbal real que os acerca más. Tras ser invitado, he descrito a Catherine cómo me imaginaría que sería una primera cita. Esto aumenta el interés de Catherine hasta el punto de que me pide que la espere al menos cuatro meses antes de tomar cualquier decisión sobre un acompañante. Catherine, por desgracia para mí, va a estar fuera del país durante cuatro meses.

Julie es una mujer muy guapa, pero no parece muy receptiva. He decidido descartar a esta candidata.

Wilma ha indicado que ha sido misionera, lo cual es muy importante para mí. También es una mujer muy atractiva en su fotografía. He enviado un correo electrónico a Wilma para preguntarle por sus preferencias políticas. Dice que es liberal. Insisto en que una relación con ella probablemente no funcionaría, ya que mis inclinaciones políticas son exactamente las contrarias. Interrumpo el contacto con ella en ese momento.

Puedo conocer a Celeste rápidamente, ya que ella ya vive en Fernandina Beach. Celeste es una persona divertida para estar cerca y trae abundantes risas y sonrisas. Ella creció en Carolina del Sur, y su primera afición es bailar el shag. Ella confiesa que no está lista para una relación 24-7 en este momento. Estoy un poco decepcionado, pero le digo a Celeste que siempre seguiremos siendo amigos.

Se acerca el Día de Acción de Gracias, así que he decidido visitar a mi hijo en Myrtle Reach durante las vacaciones y retrasar cualquier decisión sobre los acompañantes hasta enero. He optado por volar a Myrtle Beach para probar la respiración en el avión, ya que un par de cardiólogos me han advertido de que podría ser un problema para mí. La víspera de Acción de Gracias, vuelo a Myrtle Beach sin ningún problema, ni siquiera problemas respiratorios al caminar por el aeropuerto de Charlotte. Este estallido de actividad es muy alentador para mí. Mi hijo Kelvin es un genio culinario y prepara una fantástica cena de Acción de Gracias, deliciosa hasta decir basta. La familia de Stenny también participa en todas las festividades. I lcr padre notable tiene noventa y tres años y parece por lo menos diez años más joven. Esta fiesta inicial de Acción de Gracias se convierte en una tradición permanente en la familia Evans, y los planes son continuar la celebración ad infinitum.

Vuelvo a Jacksonville y me recibe mi maravillosa perra, Katie. Últimamente no he pasado mucho tiempo con Katie y estoy deseando dar alguno de nuestros paseos. Es una hermosa mañana de sábado, así que decido llevar a Katie a dar un paseo por un pueblecito cercano. Es un pueblecito pintoresco con un solo semáforo. Hay un señor mayor con bastón, esperando a que gire el semáforo cuando, de repente, Katie se pone delante de él y le impide moverse. A pesar de mis esfuerzos, Katie no deja en paz a este anciano. Sin previo aviso, un coche atraviesa a toda velocidad el semáforo, choca contra un edificio al final de la calle, estalla en llamas y explota.

Nadie que presencie este acontecimiento puede cerrar la boca. Todos los presentes reconocen que Katie salva la vida de este hombre mayor. Se corre la voz rápidamente y Katie es reconocida como una auténtica heroína. A mis ojos, Katie siempre ha sido heroica. Los periódicos y las páginas sociales se hacen eco de la historia, que se extiende por todo el estado, y el sheriff local coloca una cinta de héroe alrededor del cuello de Katie. Los elogios a Katie continúan, incluso cuando la dejan en la perrera. Katie parece pavonearse como si hubiera hecho algo maravilloso o tal vez sólo fuera reina por un día.

Decido visitar a Susan y a su familia en Connecticut, ya que mi viaje de Acción de Gracias tuvo tanto éxito. Después de dejar a Katie en la perrera, subo a un avión con destino a Hartford, Connecticut, y cojo una limusina hasta Hamden, Connecticut, donde vive Susan. De nuevo, sin problemas respiratorios en el avión ni problemas de fatiga al caminar por el aeropuerto. Recibo una alegre bienvenida en casa de Susan por parte de todos, incluidos mi yerno Stan, mi primer nieto Patrick, mi nieto Michael y mi dulce nieta Grace. La casa está adornada con muchos adornos bonitos en un ambiente precioso. La zona de Nueva Inglaterra parece hecha para la Navidad.

Los planes para la noche incluyen una visita a la histórica Essex, Connecticut, y cenar en la famosa posada Griswold. Una vez dentro de la posada, podrás imaginarte cómo disfrutaban de sus galas los miembros de la alta sociedad de los primeros tiempos de Estados Unidos. Todo el personal va disfrazado y un coro único va de mesa en mesa cantando villancicos. El menú incluye platos de caza, algo poco habitual en cualquier restaurante. Una hermosa chimenea hace las delicias de los clientes, convirtiendo la velada en un inmenso éxito. Afirmo que nunca me he divertido tanto en Navidad como esta noche.

La mañana de Nochebuena se aprovecha para comprar los regalos de los nietos. Cada niño elige lo que quiere de su tienda favorita, asegurándose de que todos sepan que soy yo quien regala - Una buena idea de Susan y Stan. De repente, recibo un correo electrónico de Wilma, que dice estar comprobando si me encuentro bien. Le respondo amablemente y le deseo Feliz Navidad. Por la noche, los nietos abren sus regalos y me contagian el verdadero espíritu navideño. A la hora de acostarme, me desconcierta el correo de Wilma, sobre todo porque le había dicho que probablemente nuestra relación no funcionaría.

La mañana de Navidad, los niños se despiertan temprano y se prepara un desayuno ligero. La mañana de Navidad cojo la limusina en casa de Susan para volver al aeropuerto de Hartford. De vuelta en Jacksonville, tras un vuelo sin incidentes, me recibe un amigo que me lleva a casa. El día después de Navidad, recojo a Katie, pero sigo preguntándome por el contacto de Wilma. Arlcnc se ha puesto en contacto conmigo y me ha deseado Feliz Navidad desde Dakota del Norte.

Ahora concentro mi tiempo en buscar una compañera de por vida a tiempo completo. Continúo mi comunicación diaria con Arlene en Dakota del Norte y me encuentro con Celeste periódicamente en un club de baile local. Las citas rápidas con Celeste son las más divertidas, ya que nunca se planean con antelación. Limito mis contactos a las mujeres en línea, ya que así me siento más seguro a largo plazo. A mediados de enero, recibo otro correo electrónico de Wilma. Después, le propongo enviar mensajes de texto como método de contacto más eficaz. Esta mejora de la comunicación hace que empiece a desarrollarse una relación. Wilma promete que su punto de vista político es flexible y que sus opiniones liberales pueden cambiar fácilmente. Me asegura repetidamente que su postura electoral no interferiría en ninguna relación. Soy un devoto conservador y creo que los puntos de vista liberales han causado problemas considerables en el país. Confío en que los puntos de vista conservadores son positivos, pero considero que los liberales son innatamente destructivos.

Casi a finales de enero, encuentro un interesante anuncio de un espectáculo ecuestre de estilo europeo en el Veterans Arena de Jacksonville. Es un domingo por la tarde. No obstante, me pongo en contacto con Wilma para preguntarle si le gustaría ir, ya que sería un lugar público perfecto para un primer encuentro. Además, me encantan este tipo de eventos. Wilma acaba aceptando tras expresar algunas dudas y excusas. Compro las entradas por Internet y espero que el primer encuentro sea un éxito. Me doy cuenta de que Wilma es una mujer muy atractiva que se comporta muy bien al conocerla antes del espectáculo. Al principio se muestra un poco dura y se excede en halagos hacia mí. Aun así, entramos y disfrutamos de un hermoso espectáculo profesional. Las abundantes acrobacias y la belleza de los animales son fabulosas. Al final del asunto, Wilma sugiere: "Que estas sean *nuestras* primeras fotos". Mi entusiasmo aumenta, ya que una nueva relación parece prometedora.

Después del programa, Wilma y yo hablamos durante casi cuatro horas. Describo el fallecimiento de mi mujer y los traumáticos acontecimientos que me han llevado hasta aquí. Reconozco que la vida es corta y que quiero una compañera para terminar mis días. Wilma también habla de su vida en los últimos diez años. Esta primera cita ha sido maravillosa y llamo a mi hija para contárselo. La semana siguiente hay una obra musical en el centro de la ciudad, así que le pido a Wilma que salgamos otra vez. Pasamos otro día muy agradable. Invito a Wilma a mi casa el fin de semana siguiente para enseñarle la zona de Fernandina Reach. Ella responde positivamente en esta tercera cita en la que recorremos la zona, buscamos iglesias y cenamos en uno de los restaurantes locales. Mientras tanto, Arlene regresa a Jacksonville. Le explico que estoy empezando una nueva relación y que primero tendré que ver cómo resulta. Arlene me desea mucha suerte y la bendición de Dios. El miércoles siguiente quedo con Wilma en una marisquería y le pido que se case conmigo. Acepta y reservo un crucero por las islas del sur del Caribe. Estoy completamente exultante.

Mis hijos insisten en que me plantee un acuerdo prenupcial antes de cualquier matrimonio. Reconozco mi vulnerabilidad compulsiva en este punto y les doy la razón. Preparo un acuerdo prenupcial con mi abogado local. Wilma examina el acuerdo durante una semana, consulta con un abogado y acepta firmarlo. Hurra, todo está en orden. Esperamos casarnos en el crucero.

Un nuevo amor ha comenzado con espíritu y promesas renovados. Estamos en nuestro primer crucero a las islas de la cadena Rahama con una maravillosa expectación. Aquí estoy, con setenta y cinco años, sólo seis meses después de un ataque al corazón, sintiéndome de nuevo como si tuviera treinta y tantos y convencida de que puedo hacer prácticamente cualquier cosa. El vuelo a Fort Lauderdale se siente divinamente protegido. Siento que este viaje representa la luna de miel que mi difunta esposa y yo nunca pudimos tener. Reservo uno de los camarotes más grandes con una hermosa vista al mar. La primera noche en el mar parece un sueño hecho realidad, con deliciosa comida y buena música en un ambiente alegre.

Nuestra primera parada es Saint Maartcn, y nuestro principal objetivo es comprar alianzas de boda a juego. Pasamos un par de horas tomando esta importante y feliz decisión, casi olvidando que hay algunos bonitos lugares que ver en la isla dividida. La mitad de San Martín pertenece a Holanda y la otra mitad a Francia. Damos una vuelta por las dos partes de la isla y después decidimos comer algo rápido en la parte francesa. Es un día maravilloso en una isla preciosa, y estamos impacientes por volver al barco para pasar otra noche de luna de miel.

La siguiente parada es Saint Kitts, una isla autosuficiente fundada originalmente por los británicos. Es la más pequeña de la cadena y la menos desarrollada. Sus gentes son increíblemente amables y cordiales, y muestran una auténtica cultura isleña con un estilo de vida relajado. Las vistas complementan la revelación natural de Dios en todas direcciones. Los dirigentes de la isla están trabajando para promover San Cristóbal como destino turístico principal, más allá de una simple escala de crucero. Nuestra excursión del día consiste en un viaje en tren por la isla de unas dos horas de duración. Vemos la industria agrícola y pasamos por varios pueblos pintorescos donde los niños saludan a todo el mundo. A bordo, grupos corales cantan himnos y canciones populares locales. Nuestro servicio de comidas ofrece un maravilloso almuerzo a base de frutas. Recogemos muchas fotos abundantes y cargadas de recuerdos antes de regresar al barco para continuar nuestra luna de miel.

La isla volcánica de Santa Lucía es la siguiente parada. Aunque la isla forma parte de la Commonwealth británica, es independiente desde finales de los setenta. Recibimos un caluroso saludo de unas gentes muy agradables, que hacen gala de una amabilidad absoluta. Susan y Stan pasaron su luna de miel en Santa Lucía, y yo ya estuve aquí en un crucero anterior. A Wilma le apasiona la jardinería, así que tomamos la excursión de los jardineros como actividad del día. Frutas y flores exóticas adornan los terrenos de la residencia privada donde tiene lugar la visita. La bella escena incluye un ligero almuerzo a base de frutas. Después de otro día maravilloso, regresamos al barco a tiempo para la hora feliz.

Barbados es la isla que he elegido para que nos declaren oficialmente casados. Al llegar, me entero de que, al ser domingo, todas las oficinas gubernamentales están cerradas, lo que significa que no se puede oficiar nuestro matrimonio. Un poco decepcionante, pero aún tengo esperanzas de que nuestra próxima parada sea la isla de Saint Thomas como alternativa para nuestra ceremonia matrimonial. Barbados forma parte de la federación de las Antillas y se independizó del Reino Unido en mayo de 1962. La población de la isla ronda los trescientos mil habitantes, y sus jóvenes pueden recibir hasta dos años de educación universitaria gratuita. Barbados es probablemente la isla más desarrollada que visitaremos en este viaje y es en gran medida autosuficiente. Muchos de sus habitantes viven toda su vida en esta isla y ni siquiera duermen en otro lugar.

Nuestro día de excursión comienza por las tierras altas por la mañana con un guía en taxi y después un fabuloso almuerzo en un restaurante al aire libre con una maravillosa vista del océano y la playa. La tarde la pasamos con otro guía recorriendo las tierras bajas y posibles lugares donde alojarnos en nuestro próximo viaje. Este guía nos lleva de vuelta al barco mientras continuamos esta increíble aventura.

A continuación, visitamos Martinica, una isla muy hermosa propiedad de los franceses y considerada criolla por la mayoría. Los residentes no hablan inglés a propósito, un rasgo común a muchos territorios de propiedad francesa. Gran parte de la isla parece una selva tropical con densa vegetación y preciosas vistas desde lugares elevados. Si se imagina el hermoso follaje y el terreno montañoso de la película *Parque Jurásico*, se explicará la belleza de esta isla. Visitamos una plantación de ron y parte de una central eléctrica, y pasamos la mayor parte del tiempo contemplando las pintorescas vistas. El guía nos devuelve al barco. Sentimos que viajamos en la dirección de Dios.

Saint Thomas es nuestra última oportunidad de casarnos oficialmente durante el crucero. Todo el tiempo que pasamos en Saint Thomas lo pasamos corriendo entre edificios gubernamentales intentando conseguir una licencia matrimonial. En un último esfuerzo, alguien finalmente nos dice que debemos pasar una noche en Saint Thomas antes de casarnos allí. Como eso es inviable en un crucero, abandonamos la idea y decidimos casarnos en la iglesia de Wilma. Ella se pone en contacto con su pastor adjunto, y él está de acuerdo (yupi).

En realidad nunca exploramos nada de Santo Tomás. Me prometo que volveremos, ya que hay mucho que ver. Estoy seguro de que Wilma disfrutará de la aventura. Rezo para que el crucero encantado dure para siempre en este matrimonio con Wilma. Dos días después de terminar el crucero, nos presentamos en la antigua iglesia de Wilma para casarnos. El pastor asistente oficia la ceremonia, con el pastor principal como testigo. Al ser declarados marido y mujer, Wilma se emociona hasta las lágrimas. Cargamos los dos coches y nos dirigimos a mi casa para empezar nuestra nueva vida juntos. Nuestra celebración concluye con una deliciosa comida en uno de nuestros restaurantes favoritos. Después de comer demasiado, nos dirigimos a casa y charlamos un rato antes de caer exhaustos en la cama.

La semana siguiente comienza con un desconcertante enigma. Wilma pregunta repetidamente: "¿De cuánto tiempo dispongo?".

Entonces pregunto: "¿A qué demonios te refieres?", y Wilma no contesta. La misma pregunta aparece varias veces en las semanas siguientes. Además, a Wilma tampoco le gusta que Katie le lama la lengua ni que exprese ningún tipo de afecto hacia ella. Y tengo que apartar constantemente a Katie de Wilma para mantener la paz. Con el tiempo, ella y la perra se hacen amigas y resuelven sus dificultades.

Wilma expresa su deseo de redecorar el interior de las habitaciones de abajo. Al principio dudo de este esfuerzo, pero a la larga estoy de acuerdo en que Wilma tiene razón. Nuestro ambiente de luna de miel persiste.

La temporada de Pascua ha llegado, y tanto Kelvin como Susan, con sus familias, están aquí de visita. Wilma y yo comenzamos el día de Pascua con un servicio al amanecer en la hermosa playa. La iglesia que elegimos inicialmente celebra este conocido acto sagrado ante varios cientos de personas. A continuación, regresamos a la casa para tomar un desayuno ligero y visitar a la familia. Más tarde, la familia juega en la piscina y espera con impaciencia una fiesta de Pascua por la tarde en el Ritz-Carlton. Sin avisar a nadie, Wilma decide ir por su cuenta a un servicio religioso adicional. Esto me avergüenza, ya que fue totalmente inesperado que lo hiciera. Más vergüenza me causa el hecho de que cuando Wilma regresa, sólo puede hablar de un hombre rico que conoció en la Iglesia Metodista y no habla del servicio en sí. Una pequeña sombra de duda entra en mi mente.

Todas las familias disfrutan del elegante festival del Ritz y prometen repetirlo la próxima Semana Santa. La comida es maravillosa, y en salas separadas se exponen numerosas manualidades para entretenimiento de los niños. Juegos competitivos en casa, junto con extensas conversaciones, completan el resto de las vacaciones. Kelvin empieza a presionarme para unas vacaciones adicionales en junio en una mansión muy exclusiva en Islamorada, Florida. El coste de esta aventura es enorme, pero acabo cediendo tras convencerme de que será un recuerdo para toda la vida para los nietos.

El pastor de la iglesia grande a la que asistíamos ha decidido trasladarse y dejar Fernandina Reach. Como no somos miembros de esta iglesia, decidimos echar un vistazo a una pequeña iglesia a la que asistí anteriormente unas cuantas veces. La gente es muy agradable aquí. Sin embargo, los viejos amigos de esta iglesia han fallecido recientemente, por lo que sólo se pueden hacer nuevas amistades. Wilma expresa cuánto tiempo ha rezado por un marido con el que pueda asistir a la iglesia. Repite lo contenta que está y lo agradecida que está a Dios. Durante el primer mes, se apunta a clases semanales de estudio de la Biblia. Desarrollamos nuevas amistades y nos sentimos cada vez más cómodos en este nuevo entorno. Al principio no empezamos la escuela dominical porque ese tiempo interfiere con escuchar a David Jeremiah y su inspirador mensaje por televisión. Ahora, los domingos se han convertido en el momento culminante de la semana, con todas las actividades planificadas en torno a este día religioso a medida que avanzamos hacia la santificación.

Junio ya está aquí, y nos vamos a Islamorada, un cayo insular único en el sur de Florida, para estas fabulosas vacaciones. Volamos a Miami y alquilamos un coche para hacer el trayecto de más de una hora. Kelvin y Stenny hacen el viaje en su camioneta y de hecho llegan antes. Tras desbloquear la verja, conducimos un cuarto de milla más y el follaje se abre para revelar esta enorme casa que nos recuerda a Tara de *Lo que el viento se llevó*. Tiene un garaje para cinco coches con habitaciones encima, una gran piscina y una hermosa vista privada del océano bajo relajantes cocoteros inclinados. En la parte trasera de la casa hay dos pistas de tenis privadas e instalaciones para jugar al baloncesto, y en la parte delantera se han previsto varios juegos de red. En resumen, el exterior de este complejo es mágico. No hay ninguna decepción al entrar en la casa. Lo primero que se ve es una gran escalera de caracol que conduce a la segunda planta, que es casi un duplicado de la primera. En el centro de ambas plantas hay enormes salones. Lo más destacado de esta instalación es que toda la familia puede estar junta bajo el mismo techo. Una experiencia verdaderamente memorable.

Algunas de las actividades fuera de Islamorada incluyen un viaje de pesca de pargo rojo, un viaje a Key West para disfrutar de la conducción a través del famoso puente de siete millas, y un par de noches en los clubes locales. Kelvin volvió a hacer gala de sus dotes culinarias con una excelente cena a base de pargo rojo. (Mientras se desarrolla toda la celebración, le compro a Wilma un coche Lexus en eBay, ya que la quiero y creo que su viejo coche es inseguro). Todos se alegran de su estancia aquí y recordarán esta semana el resto de sus vidas. Después de irnos, Wilma y yo pasamos la noche en el Doral Golf Club de Donald Trump, donde todas las paredes están adornadas con la foto de Donald Trump. Nuestra habitación es muy lujosa, aunque el coste total es razonable.

Me siento bien de volver a casa con nuestra rutina de la iglesia y mis partidas semanales de bridge. Wilma está encantada con su nuevo coche. En julio, la familia de Wilma quiere celebrar una reunión en un lugar llamado Corky Hell's, entre Saint Augustine y Gainesville. Me gusta conocer a todo el mundo y nos hacemos muchas fotos. En general, me siento muy positivo en esta primera reunión con su familia. Todos son buena gente. Después de pasar una noche en Saint Augustine, emprendemos un rápido viaje de regreso a casa. Kelvin llama a los pocos días de volver a casa para decir que él y Stenny planean casarse a finales de agosto, en Myrtle Reach. Vaya, 2016 es un año de viajes.

4

Nuevos Puntos de Vista Sobre la Revelación Natural de Dios

Ha llegado agosto y tenemos previsto hacer noche en Charleston de camino a Myrtle Beach. El día que teníamos que salir de viaje, me levanto por la mañana totalmente enferma y con ganas de cancelarlo. Me cuesta mucho, pero consigo recomponerme a la hora de comer porque sé lo mucho que le apetece a Wilma visitar Charleston. Nos registramos en el hotel poco antes de las cuatro y descanso un par de horas, aún conmocionado por la enfermedad. Podemos recorrer Charleston un poco antes de parar a comer en uno de los mejores restaurantes. Al día siguiente sigo enfermo, así que Wilma tiene que conducir hasta la zona de Isle of Palms (al norte de Charleston) antes de que por fin empiece a recuperarme. Entonces puedo conducir hasta Surfside Beach (Carolina del Sur) y reunirme con la familia en un restaurante concertado de antemano. Wilma empieza a quejarse de mi forma de conducir y de navegar, por lo que se monta un alboroto mayor de lo normal. Después de una comida estupenda, me fijo en el mensaje de móvil de Wilma, en el que describe a alguien lo terriblemente mal que se siente tratada por este grupo de personas. Me parece muy desconcertante. Parece desagradecida, y percibo otra sombra de duda.

La preciosa boda en la playa de Kelvin y Stenny sale a pedir de boca. Estoy muy feliz por ellos y contenta de que por fin se haya hecho. Me gusta ver a uno de los amigos de Kelvin de la escuela secundaria de nuevo. Pasamos una noche divertida de baile y celebración antes de regresar a Florida por la mañana.

Queda otra aventura en este increíble año 2016. Navegaremos de Nueva York a Quebec (Canadá). Pasar junto a la Estatua de la Libertad al atardecer para comenzar el viaje es una experiencia que todos los estadounidenses deberían vivir. Nuestra primera parada es Newport, Rhode Island. Hacemos un recorrido muy inusual por Newport con un conductor de rickshaw pedaleando en bicicleta. Es un maravilloso y fresco día de Nueva Inglaterra en un ambiente muy agradable, y tenemos la suerte de parar en un encantador restaurante tipo sótano para un hermoso almuerzo. Newport es una especie de patio de recreo para niños ricos. Impresionantes mansiones salpican la rocosa costa, y hay una plétora de estupendos restaurantes. La siguiente parada es Boston, Massachusetts.

Boston es una ciudad perfecta para hacer turismo, con tanta historia americana temprana. Comenzamos en el lugar del Boston Tea Party y disfrutamos del espectáculo histórico que se ofrece. Los actores van disfrazados y transmiten sinceramente la sensación de autenticidad del famoso acontecimiento que allí tuvo lugar. A continuación, nos dirigimos a Faneuil Hall, que es esencialmente un distrito comercial con ambiente de carnaval. Otro día divertido e interesante con múltiples espectáculos callejeros antes de regresar al barco. La siguiente parada es Bar Harbor, Maine.

El punto de Peggy's Cove

Los fuertes vientos y las bajas temperaturas se combinan para hacer de este puerto un lugar espantosamente incómodo, a pesar de lo pintoresco del lugar. Hace tanto frío que buscamos un lugar donde comprar unas chaquetas, pero tenemos que escabullirnos en el céntrico restaurante de la ciudad para entrar en calor y disfrutar de un fabuloso rollo de langosta. A continuación subimos a un autobús turístico que nos lleva a Cadillac Mountain para contemplar algunas de las hermosas vistas de la costa de Maine. Nuestro excelente guía turístico nos ofrece un repaso de gran calidad a la historia de esta parte de América. Nuestro siguiente objetivo en el crucero es la Isla del Príncipe Eduardo, donde se formó el actual gobierno canadiense en 1864 en Charlottetown. Es decir, aquí nació Canadá. También es el hogar de Ana de las Tejas Verdes. Visitamos el edificio de la Casa Natal de Canadá y un singular centro de arte cercano. En resumen, una experiencia satisfactoria.

A continuación viajamos a la encantadora Halifax, Nueva Escocia. Se trata del segundo puerto natural más grande del mundo, con maravillosos paisajes naturales regalados por Dios. Los residentes disfrutan de un encanto histórico único y de un fuerte espíritu comunitario. Tomamos un taxi turístico hasta un lugar llamado Cabo Peters Point. En este entorno de postal, disfrutamos de una cena a base de langosta que no tiene parangón en el mundo. La langosta fresca de la bahía se cocina delante de usted para cenar en mesas de picnic. Aquí se observa un trágico hito: el cementerio que contiene la mayoría de los enterramientos de las víctimas del Titanic. Aquí es también donde huyeron los británicos para evadir a los estadounidenses durante la Guerra de la Independencia. Halifax es, sin duda, un lugar de destino clave y una experiencia memorable.

Nuestro siguiente destino en el crucero es la ciudad de Quebec, por el río San Lorenzo, y observamos su hermosa arquitectura de estilo europeo. El Hotel Frontenac es sin duda la estructura más imponente que hemos visto. El idioma oficial es el francés y, como ya se ha dicho, las grandes comunidades francesas no hablan otro idioma. No obstante, disfrutamos de nuestra visita guiada por la ciudad, con todo su esplendor. También visitamos una elegante iglesia católica a pocos kilómetros de la ciudad. Vaya, volvemos a casa con la protección de Dios, y aún estamos en el mes de septiembre.

Creo sinceramente que Dios quiere que viajemos para contemplar su revelación natural casi tanto como quiere que nos comuniquemos a través de su revelación escrita en la Biblia. Viajar permite apreciar culturas diferentes y enseña a amar al prójimo, mientras que las nuevas vistas estimulan los pensamientos de creación.

Seleccionar versículos de la Biblia sobre los viajes de cita Nueva Traducción Viviente incluyendo:

> No temas ni te desanimes, porque el Señor irá personalmente delante de ti, estará contigo, no te fallará ni te abandonará tú.

Deuteronomio 31:8 NTV

Él renueva mis fuerzas me guía por caminos rectos trayendo honor a su nombre, incluso cuando camine por el valle más oscuro, haré no temas, porque tú estás cerca de mí.

Salmo 23:3-4 NTV

Porque él ordenará a sus ángeles que te protejan dondequiera que vayas.

Salmo 91:11 NTV

Él te cubrirá con sus plumas. Te cobijará con sus alas, sus fieles promesas son tu armadura y tu protección. No seas temeroso de los terrores de la noche ni de la flecha que vuela de día.

Salmo 91:4 NTV

Porque tú eres mi escondite me proteges de los problemas. Tú rodeadme de cantos de victoria, dice el Señor, yo os guiaré a lo largo de el mejor camino para tu vida yo te aconsejaré y velaré por ti.

Salmo 32:7-8 NTV

Tu palabra es una lámpara para guiar mis pies y una luz para mi camino.

Salmo 119:105 NTV

La gloria de la omnipotencia de Dios se exhibe mientras viajamos, lo que beneficia profundamente nuestra espiritualidad. Podemos ser discípulos eficaces de Dios si lo intentamos. Su deseo es que mantengamos una relación personal con Él.

Wilma y yo seguimos despertando interés en la pequeña iglesia de Fernandina. Wilma participa en dos estudios bíblicos a la semana y le encanta ser voluntaria dondequiera que pueda ayudar. La iglesia empieza a sentirse como una familia. Continúo mi partida semanal de bridge, y los desacuerdos matrimoniales son mínimos. Se acerca Acción de Gracias; sin embargo, Wilma declina la invitación al festival de Myrtle Beach. Quiere estar con su madre y celebrarlo con su propia familia. Viajo solo a Myrtle Beach para disfrutar de la familia y celebrar esta mejor época del año. Me invitan a la celebración navideña de Wilma en Saint Augustine la misma noche del día veinticinco. La tradición familiar de Wilma es jugar a intercambiar y robar regalos, en lugar de hacer regalos individuales. Todo el mundo parece disfrutar de esta fiesta, en la que después se sirven bebidas y dulces. El resto de la fiesta suele terminar con canciones navideñas. En general, el año 2016 ha sido positivo, y el futuro parece prometedor. Wilma decide quedarse en San Agustín con su familia una semana más.

Esta semana estoy sola en casa pasando las fiestas de fin de año. Tengo que usar audífonos, pero me los quito por la noche, y estoy prácticamente sordo sin ellos. Me acuesto antes de medianoche. De repente, me despierta un gran estruendo y miro cautelosamente a mi alrededor. Veo a un intruso tumbado de lado cerca de la puerta trasera de la cocina. Katie tiene la boca abierta cerca de la nuca del intruso, donde parece aterrorizado de moverse. Se observa un revólver a unos tres metros de este huésped no invitado. Llamo rápidamente a la policía y Katie se convierte de nuevo en la heroína del momento. El sheriff local le coloca otra cinta alrededor del cuello. Ella vuelve a disfrutar de una cobertura completa en las noticias locales, y yo hago instalar un sistema antirrobo para la casa.

5

Viajar por Centroamérica con Humildad

Le envío un mensaje a Wilma sobre el acto heroico de Katie, y un nuevo año ha comenzado. Las presiones anuales de impuestos, seguros altos y otras facturas son normales como cualquier otro año, pero una nueva aventura nos espera a través del Canal de Panamá y el lado Pacífico de América Central. El viaje comienza volando a la costa oeste y explorando San Diego dentro del tiempo permitido. Tomamos un autobús turístico a mediodía y almorzamos en un barrio llamado Little Italy, un lugar encantador con deliciosas especialidades. Más tarde, pasamos por el portaaviones fuera de servicio *USS Midway*, convertido en un famoso museo. Por desgracia, el tiempo no nos ha permitido disfrutar de la visita de cuatro horas al interior del portaaviones, así que volvemos al hotel para tomar unos aperitivos y unas bebidas antes de retirarnos a descansar. Estamos agradecidos por el día y gratamente sorprendidos por lo amables que parecen ser los habitantes de San Diego.

Al comenzar el crucero, vemos depósitos de municiones a lo largo de varios kilómetros de la base naval. También disfrutamos de un espectáculo de avistamiento de ballenas de tres horas de duración. Nunca había visto nada igual, con al menos un centenar de ballenas jorobadas saliendo a la superficie. Nuestra primera parada es Cabo

San Lucas, México, que tiene un animado ambiente festivo con muchas atracciones de variedades circenses. Almorzamos en un pequeño restaurante encantador y una banda de tres cuerdas nos da una serenata en la mesa: una experiencia maravillosa en general. Antes de irnos, le compro a Wilma un anillo en la tienda de regalos con varias esmeraldas a juego con nuestra alianza.

Nuestra siguiente parada es en Guatemala, un país con volcanes poco activos. Nuestro programa del día consiste en visitar una plantación de café en las tierras altas. La plantación está rodeada por un muro de mampostería, y dos guardias con ametralladoras esperan a nuestro autobús en la entrada. Una vez dentro, la propietaria de la plantación intenta calmar los temores de todos, explicando que heredó el negocio de su difunto marido y que una demostración de fuerza minimiza cualquier actividad delictiva entre los lugareños. Instruye a todos los visitantes sobre el proceso de producción del grano de café, que es mucho más complejo de lo que cabría esperar. También señala que el café debe cultivarse a la sombra si es posible y que sabe mejor si se cultiva a gran altura. En su plantación también se cultivan otros productos agrícolas. Es una mujer fuerte y valiente, como observan todos los visitantes. Tras completar el recorrido por los bosques, nos sirven un almuerzo muy sabroso a base de muchos productos generados en la plantación. Vemos salir humo de uno de los volcanes mientras bajamos por una zona muy montañosa hasta el crucero. Nuestra próxima parada es Nicaragua.

Nicaragua es un país hermoso y parte de la revelación natural de Dios. Es conocido por sus lagos y volcanes, que muestran un entorno pintoresco y tranquilo. Políticamente, es una dictadura bajo el control de Daniel Ortega, pero durante nuestra estancia, todos los nativos parecen felices con su estilo de vida allí. Nuestra excursión para este día es un viaje a una granja de caballos, donde disfrutaremos de un espectáculo ecuestre y montaremos a caballo personalmente si nos sentimos lo suficientemente valientes. El espectáculo ecuestre comienza nada más llegar, y recorremos los terrenos en un coche de caballos que podemos manejar. La sorpresa del día es la visita al hospital para niños autistas. Al parecer, montar a caballo, así como el mero encuentro con caballos, eleva la conciencia de los niños a la población general. Los maravillosos logros señalados aquí le dan a uno una sensación muy positiva y satisfactoria sobre Nicaragua, independientemente de su ambiente político. Realmente quiero quedarme aquí mucho más tiempo, pero nuestro tiempo asignado se ha acabado, así que toca volver al barco. El impactante regalo de Dios de los caballos para la humanidad está justo por encima de su regalo de los perros. Mañana visitaremos Costa Rica.

Wilma ha realizado dos viajes misioneros a Costa Rica, donde participó ayudando a construir estructuras y en la limpieza general. Debió de ser una participación maravillosa. Este país es un paraíso tropical con una diversidad ecológica impresionante. *Pura Vida* es un término común en Costa Rica que significa "pura vida" y que se utiliza a menudo como saludo. La excursión de hoy tendrá lugar en un jardín de las tierras altas. La primera vida natural que vemos en el jardín es un gran pájaro multicolor que se parece a un loro. Se llama guacamayo. Se puede domesticar y adiestrar para que hable, ya que pertenece a la familia de los loros. Imitan la voz humana casi a la perfección y suelen encariñarse con una sola persona. Verlos volar todo el día por el profundo cañón boscoso es una experiencia asombrosa e impresionante. Las plantas con flores de este jardín parecen majestuosas y únicas en todo lo que he visto personalmente. Antes de regresar al barco, el autobús turístico se detiene en un cruce de carretera para que podamos contemplar el centenar de cocodrilos que hay en este pequeño río. Estos grandes reptiles están libres en su propio entorno, sin jaulas ni restricciones. Damos gracias a Dios por esta excursión. Mañana visitaremos el Canal de Panamá.

El Canal de Panamá existe gracias a la tenacidad de Theodore Roosevelt y a la brillante ingeniería de un hombre llamado John Stevens. Está considerado entre las siete maravillas modernas del mundo y va camino de enriquecer la economía panameña. Tras la finalización del canal en 1914, la capacidad inicial se había multiplicado por más de dos en 2016. En un principio, el gobierno francés empleó nueve años en intentar construir el canal y perdió a veinte mil trabajadores debido a las enfermedades tropicales y los gigantescos corrimientos de tierra.

El diseño de Stevens, que ahorra proyectos, consiste en esclusas donde los barcos pueden subir o bajar para adaptarse a los niveles de los océanos Atlántico o Pacífico. La propiedad completa del canal fue transferida al gobierno de Panamá por el Presidente Jimmy Carter y de hecho tuvo lugar en 1999. La operación es un espectáculo asombroso e infunde un enorme respeto por la ingeniería empleada en el proyecto. El trasvase entre los dos océanos dura entre ocho y diez horas. En definitiva, es maravilloso participar.

Canal de Panama

Nuestra última parada es Gran Caimán, que resulta decepcionante en el mejor de los casos. Tal vez si pasamos algún tiempo allí, pescando y realizando otras actividades, podría ser mejor. Mañana por la mañana atracaremos en Lauderdale y volaremos de vuelta a Jacksonville. Han sido diez días interesantes, y la vida a bordo del barco ha sido estupenda, como de costumbre.

Estoy agradecida por nuestra capacidad para viajar y recalco a Wilma que tenemos que hacerlo ahora mientras podamos. Wilma parece un poco distante después de este viaje, aunque volvamos a casa, donde todo es fácil. Creo que estamos presumiendo demasiado ante vecinos y amigos y que nos estamos haciendo demasiado grandes para nuestros pantalones, por así decirlo. Creo que deberíamos reflexionar sobre lo que ya sabemos acerca de la actitud de humildad.

El orgullo es una enfermedad destructiva y contagiosa que sólo puede curarse con el antídoto de la humildad. C.S. Lewis dice que el orgullo es el mayor mal al que nos enfrentamos. El orgullo casi siempre avanza hacia el pecado de la idolatría. Otros peligros del orgullo incluyen, de jollynotcs.com, inspiración diaria para una vida alegre:

Peligro número 1: No buscar a Dios (no hay espacio para Dios)

> En su soberbia el malvado no lo busca; En todos sus pensamientos no hay lugar para Dios.
>
> Salmo 10: 4 NVI

> **Peligro número 2:** Discusiones, conflictos-Cuando pensemos en ello, diremos que todos los el conflicto y el pecado se remontan a una fea raíz común: el *orgullo*. El orgullo conduce al conflicto; los que aceptan consejos son sabios.
>
> Proverbios 13:10 NU

> El orgullo sólo conduce a discusiones, pero los que aceptan consejos son sabios.
>
> Proverbios 13:10

Peligro número 3: No conocer a Dios (estar separado de Dios). Extremadamente peligroso porque nos separa de Dios ya que es la fuente del pecado y del conflicto. Si queremos tener una relación con

Dios, crecer en Dios, y ser usados por Dios, absolutamente tenemos que ser humildes, así que ayúdanos, Dios.

Pero a éste es a quien miraré: al que es humilde y contrito de espíritu y tiembla ante mi palabra.

Isaías 66:2b

Peligro número 4: Desgracia

Cuando llega el orgullo, llega la desgracia pero con la humildad llega sabiduría.

Proverbios 11:2 NVI

Peligro número 5: Nuestra confianza en *las cosas*

El que confía en sus riquezas caerá, pero el justo florece como una hoja verde.

Proverbios 11:28 RVR 1995

Peligro número 6: Peligros del orgullo espiritual-idolatría

Queridos hijos, manteneos alejados de cualquier cosa que pueda quitarle a Dios lugar en tu corazón.

1 Juan 5:21

Peligro número 7: Peligros del orgullo espiritual: sentirse infalible

La soberbia de tu corazón te ha engañado, tú que vives en la hendiduras de la roca, En tu elevada morada, que dices en tu corazón: "¿Quién ¿me derribarán a tierra?"

Abdías 1:3

Peligro número 8: Peligros del orgullo espiritual - la arrogancia

También les dijo esta parábola a algunos que confiaban en sí mismos, que eran justos, y menospreciaban a los demás: "Dos hombres subieron al templo a orar; uno era fariseo y el otro, un publicano. El fariseo, puesto en pie, oraba así: "Dios, te doy gracias porque no soy como los demás hombres, ladrones, injustos, adúlteros, ni aún como este publicano. Ayuno dos veces a la semana; doy diezmos de todo lo que gano."

Pero el publicano, estando lejos, no quería ni alzar los ojos al cielo, sino que se golpeaba el pecho, diciendo: "Dios, ten misericordia de mí, pecador." Os digo que este descendió a su casa justificado, antes que el otro; porque todo el que se enaltece serÃ¡ humillado, y el que se humilla será enaltecido".

Lucas 18:9

Peligro número 9: Chismes, disputas, discordia

El arrogante suscita contiendas, pero el que confía en el Señor prosperar.

Proverbios 28:25

Peligro número 10: Humillación

Cuando alguien te invite a un banquete de bodas, no te sientes en un lugar de honor no sea que alguien más distinguido que tú ser invitados por él, y el que os invitó a ambos vendrá y dirá a tu, dale tu lugar a esta persona, y entonces empezarás con la Vergüenza, para ocupar el lugar más bajo, para que cuando venga tu anfitrión le diga a tu, amigo, sube mas alto entonces serás honrado en la presencia de todos los que se sientan a la mesa contigo. Porque todo el que se enaltece será humillado y el que se humille será ensalzado.

Lucas 14:8-11 RVR

Peligro número 11: No agradar a Dios. Dios odia el orgullo.

Dios se opone a los soberbios, pero da gracia a los humildes.

Santiago 4:6b RVR

Hay seis cosas que el Señor aborrece, siete que le son detestables: los ojos altaneros, la lengua mentirosa, las manos que derraman sangre inocente, el corazón que urde planes perversos, los pies que se apresuran a hacer el mal, el testigo falso que vierte mentiras y la persona que suscita conflictos en la comunidad.

Proverbios 6:16-19 NVI

Peligro número 12: Destrucción

Antes del quebrantamiento es la soberbia, y antes de la caída la altivez de espíritu.

Proverbios 16:18

Debemos fijarnos en lo que no es el orgullo:

El orgullo no es el uso productivo de tus talentos. Es decir, usar los dones que Dios te ha dado. Si puedes atrapar ese pase de touchdown, entonces debes dar un paso adelante en tu vida y hacerlo. Si puedes pintar ese maravilloso retrato o hermoso paisaje como los artistas del pasado, entonces no debes negar esa habilidad. Si tienes la genial habilidad de descubrir curas para las trágicas enfermedades de la humanidad, entonces deberías hacer lo que puedas. No es engreimiento ni orgullo propio apreciar los logros de su hijo o nieto.

La vida es una larga lección de humildad. La humildad y la modestia forman la base de la ética de la humanidad y conducen al atributo número uno de la bondad. Un hombre puede pararse en una esquina y regalar bondad a todo el que vea, y no se llevará nada de sí mismo. La equivalencia de amar al prójimo es ser amable y dadivoso, eligiendo escuchar primero antes de hablar. Algunos versículos bíblicos sobre la bondad son los siguientes:

> Humillaos. Entonces bajo la poderosa mano de Dios para que él te levantará a su debido tiempo. Deja todas tus preocupaciones con él porque él cuida de ti.
>
> 1 Pedro 5:6-7

> Por lo tanto, como pueblo escogido de Dios, total y entrañablemente amado, revestíos de compasión, bondad, mansedumbre, humildad y paciencia.
>
> Colosenses 3:12

> Como prisionero del Señor, pues, te exhorto a vivir una vida digna de la vocación que has recibido.
>
> Es completamente humilde y manso; tened paciencia soportándoos los unos a los otros con amor.
>
> Esfuérzate por mantener la unidad del Espíritu mediante el vínculo de la paz.
>
> Hay un solo cuerpo y un solo Espíritu, así como vosotros fuisteis llamados a una sola esperanza cuando fuisteis llamados.
>
> Un Señor, una fe, un bautismo
>
> Un solo Dios y padre de todos nosotros, que es en todo y por todo y en todos.
>
> Efesios 4:1-6

> Pero nos da más gracia. Por eso dice la Escritura: "Dios se opone a los soberbios, pero muestra favor a los humildes".
>
> Santiago 4:6

> Humillaos ante el Señor, y él os elevará.
>
> Santiago 4:10

Porque todo el que se enaltece será humillado, pero el que se humilla será enaltecido.

Lucas 14:11

Él te ha mostrado, oh mortal, lo que es bueno y lo que hace el Señor. Actuar con justicia, amar la misericordia y caminar humildemente ante tu Dios.

Miqueas 6:8

Toda la historia de nuestro Señor Jesucristo, que vino como nuestro Salvador, es de completa humildad. Su nacimiento es enteramente humilde, donde Él nació esencialmente en un granero o cobertizo, no en una cama fina con linos finos y despliegues de riqueza. No se registran galas materiales en la vida de Jesús en la tierra. Más tarde tuvo una muerte muy dolorosa y humillante, absolutamente inmerecida. La lección inequívoca que Dios pone ante nosotros es la redención de nuestros pecados a través de Jesucristo con una vida de humildad y bondad. Emular a Jesús debe ser la dirección y la meta del ser humano.

Wilma y yo nos unimos a la pequeña iglesia a la que asistimos desde hace un año. Me bautizan, aunque en realidad soy cristiano desde hace muchos años. Estamos encantados con esta decisión y los miembros nos dan la bienvenida a la iglesia, felicitándonos por nuestro nuevo compromiso. De momento, la vida es ideal. Dentro de muy poco nos embarcaremos en nuestro increíble crucero por el Mediterráneo.

6

Esplendor Mediterráneo que Muestra los Logros de la Humanidad con el Rescate del Espíritu Santo

Ya estamos listos para iniciar nuestra fantástica aventura mediterránea, que comienza con un largo vuelo nocturno. Incluye una escala en París para pasar el control de los servicios de inmigración europeos y, a continuación, a Roma. Llegamos sobre las 9.30 (hora local) y estamos completamente agotados al entrar en el Hotel Savoy. Como la hora de facturación es después de las 15.00, hay una gran sala lateral, con sólo sofás para los huéspedes, para estirarse y recuperar un poco el sueño. Aprovechamos al máximo esta oportunidad. Más tarde, después de conseguir nuestra habitación, disfrutamos de un recorrido en autobús de dos pisos por la ciudad durante una hora y media.

El hotel dispone de un restaurante al aire libre en la azotea muy agradable con una gran variedad de buena comida y entretenimiento. Una banda de música ameniza la primera velada. Encargo por Internet entradas para el Vaticano y el Coliseo para el día siguiente. Recogemos las entradas a media mañana antes de tomar café y panecillos en un restaurante al aire libre. La visita al Vaticano es increíble, pero está repleta de jóvenes de todo el mundo. Si alguna vez volvemos a hacer esto, será un mes antes del cierre de los colegios, lo prometo. Hacemos muchas fotos del arte de Miguel Ángel en el techo de la

Capilla Sixtina y por los pasillos, incluida la Basílica de San Pedro. Pudimos visitar casi todo el Vaticano a pesar de las multitudes. Un taxi local nos lleva al Coliseo. Los taquilleros no aceptan las entradas del proveedor de Internet y nos dirigen a una casa al otro lado de la calle, diciéndonos que subamos a la tercera planta. En ese momento, siento que nos han engañado. Somos capaces de ver a través de las puertas algunas de las aberturas del Coliseo, pero como es primera hora de la tarde, la mejor decisión parece ser probar en un restaurante cercano lleno de gente. No encuentro mi móvil. Especulo que se me ha caído del bolsillo en el taxi, pero Wilma cree que se lo han robado. Inmediatamente interrumpo el servicio del teléfono, pero todas las maravillosas fotos del Vaticano se pierden. El resto de la tarde consiste en un recorrido adicional, aunque corto, en taxi que incluye la famosa Fontana de Trevi y otros hermosos monumentos.

A primera hora de la tarde, intentamos pasear por las calles cercanas al hotel, tratando de localizar un restaurante italiano único, sin éxito. Todos los restaurantes sirven pizza de una forma u otra, independientemente de la calidad o el ambiente del local. Después de cenar en uno de los locales, comento que la mejor oferta de la ciudad es la azotea del Savoy. La música es deliciosa en un entorno muy confortable con fantásticas vistas nocturnas de la ciudad.

La mayor parte de este último día en Roma se consume recorriendo la ciudad en el autobús de dos pisos al aire libre con un *guía* que explica lo que se ve. Roma es la conocida capital de Italia, fundada en el año 753 antes de Cristo. Su población actual ronda los 2,8 millones de habitantes. Los edificios parecen un poco cochambrosos y casi todos los ciudadanos varones fuman. La gente es educada, aunque no excesivamente amable.

Tal vez estén agotados por la carga del turismo. El apóstol Pablo en el cristianismo bíblico era considerado ciudadano romano aunque en realidad nació en Tarso, Turquía. Las últimas palabras de Pablo fueron: "He guardado la fe". Gran parte de nuestro Nuevo Testamento procede directamente de las cartas de Pablo, y su importancia fue un regalo de Dios. Somos muy conscientes de la importancia de Roma en la fe cristiana. La carta de Pablo a los Romanos esboza la descripción más completa de la doctrina cristiana.

Al día siguiente, llevamos todo nuestro equipaje a la puerta del hotel y esperamos allí el autobús que nos lleva al barco. El director del hotel advierte a todo el mundo que se quede con su equipaje y no abandone la zona. Repite estas instrucciones varias veces. Wilma decide entonces que quiere pasear fuera por su cuenta. Le recuerdo que cuando llegue el autobús, cargará a los pasajeros y no la espera. Comento: "Por favor, no hagas esto y estropees este viaje". Ella se marcha de todos modos y a mí me asalta otra sombra de duda.

Por fin estamos todos en el autobús y nos dirigimos al puerto de Civitavecchia para embarcar en el crucero con destino a Florencia. Al día siguiente, nos apiñamos en un taxi para seis personas. Una vez en Florencia, el conductor nos dice que volverá a esta intersección predeterminada de la ciudad en cuatro horas y media. Dice que nos dejará si no estamos presentes a esa hora predeterminada. El fideicomiso nos limita el recorrido cerca de la intersección. Conseguimos recorrer la emblemática catedral de Santa María tras sobrevivir a una larguísima cola. Disfruto de las discusiones políticas con gente de diferentes países mientras estoy en la cola de la visita a la catedral y observo que la mayoría de la gente es igual.

Florencia es la capital de la región de Toscana y a menudo se la denomina la capital mundial del arte. Allí se encuentra la estatua del David de Miguel Ángel, así como numerosas obras maestras del arte y la arquitectura. Desgraciadamente, no podemos disfrutar de ninguno de los aspectos artísticos más destacados, aunque sí almorzamos en un excelente restaurante y visitamos algunos de los grandes almacenes del distrito de la moda. La población anunciada de Florencia es de 382.000 habitantes, y la gente es excepcionalmente amable. Quiero volver algún día.

Nuestro próximo puerto es Montecarlo, Mónaco, donde no se ve al hombre corriente. Es la capital de la ostentación, el centro de la ostentación y el espectáculo.

Monte Carlo

El puerto está repleto de yates que cuestan más que muchas pequeñas ciudades de Estados Unidos. Observo que cuando veo toda esta riqueza, no me da envidia, sino que me hace preguntarme por qué alguien se deleita con este tipo de juego. Aunque uno admire mucho el éxito, ¿a quién quiere impresionar? Es una forma muy visible de idolatría y de idolatría de la identidad, y nada menos. (La idolatría se tratará más adelante en este texto). Por la mañana, hacemos un recorrido por Montecarlo en un autobús abierto de dos pisos. Las calles están señalizadas para carreras al estilo del Gran Premio, un deporte muy emocionante. Por la tarde, hacemos un recorrido similar, pero podemos parar en un pequeño parque y tocar las impresionantes calles de carreras. Decidimos no entrar en los casinos a propósito.

Al día siguiente, el capitán del crucero sustituye nuestro puerto previsto de Cannes, Francia, y me alegro de que lo hiciera.

Villefranche, France

El barco atraca en una hermosa ciudad antigua llamada Villefranche, en la Riviera francesa. Esta pequeña ciudad, fundada en el año 130 d.C., tiene una población actual de sólo cinco mil habitantes permanentes. Es muy pintoresca, aunque algo montañosa, y a menudo se la conoce como la Perla de la Costa Azul. Exploramos algunas de las tiendas del complejo durante una hora más o menos y luego decidimos aventurarnos en el tren monorraíl que pasa por la zona. Tenemos que encontrar una batería para el móvil de Wilma, ya que he perdido el mío, así que tenemos una buena excusa.

Tras un corto trayecto, bajamos en la ciudad de Niza. Nada más salir del tren, alguien intenta robarme, pero agarro al ladrón por la muñeca y le digo: "Hijo, tienes mucha suerte de que yo no sea más joven". Entonces permito que el joven escape. La ciudad está de vacaciones, así que la mayoría de las tiendas están cerradas, y no se puede encontrar una batería de móvil. Entramos en un pequeño bar cerca de la estación de tren. Dentro de este bar, el encargado es de Estados Unidos y dice que encontrar una batería de móvil hoy puede ser imposible. Casi inmediatamente, un caballero francés entra en el bar y, cuando le contamos nuestra historia, dice que puede arreglarlo. Sustituye la batería por una que tiene en su tienda y que cuesta aproximadamente la mitad que en Estados Unidos. Doy gracias a Dios por la intervención y la conciencia de su presencia.

Tomamos el tren de vuelta a Villefranche y pedimos un fabuloso almuerzo consistente en un enorme plato de mejillones y una guarnición de pizza. La comida es una de las mejores del viaje. Los dos estamos saciados y bajamos alegremente la colina para embarcar.

La isla de Córcega es la siguiente en esta aventura mediterránea. Tiene una población de 339.000 habitantes y una altitud máxima de casi 2.000 metros. La isla es el lugar más al aire libre que visitamos, con sus hermosas bahías, ciudades costeras y crestas montañosas muy escarpadas. Se la conoce como la "isla perfumada", con matorrales aromáticos en los que predominan las plantas de la familia de las lamiáceas (menta), de las que existen al menos dos mil quinientas variedades. Córcega es también el lugar de nacimiento de Napoleón Bonaparte (1769-1821), el famoso comandante militar y líder político durante la Revolución Francesa. El monumento dedicado a Napoleón es ciertamente muy discreto y no está bien cuidado ni honrado. La excursión del día consiste en recorrer las tierras bajas en un autobús con un guía que describe los acontecimientos y atracciones importantes. La visita concluye en una amplia zona de picnic y luego se regresa al barco.

Hoy visitaremos la antigua ciudad de Marsella, la más antigua de Francia y la segunda en extensión. Fue fundada originalmente por los griegos hacia el año 600 a.C. Además, se encuentra en la región francesa de Provenza. Nuestra visita de hoy consiste en recorrer la ciudad en vagones de tren monoplaza propulsados por un motor de gasolina. Se parece a un tren móvil de gatitos, pero funciona bien y es descapotable para disfrutar del día soleado. Nos bajamos en la cima de la colina para ver de cerca la basílica de Notre Dame. El interior de la iglesia es precioso, y el exterior ofrece una vista gloriosa de la ciudad y sus alrededores. Me sorprende la cantidad de grandes obras que se están llevando a cabo en la ciudad.

Notre Dame, Marseille, France

Se están construyendo grandes edificios, nuevas aceras y calzadas por todas partes. Deben de estar planeando una importante expansión de la población. Durante el viaje de vuelta, el guía del tren nos informa sobre las asombrosas estructuras antiguas que aún existen. El resto del viaje lo dedicamos a recorrer la ciudad a pie por las tierras bajas, sorprendiéndonos de nuevo por la cantidad de construcciones. También observamos otra gran iglesia protestante. De vuelta al barco, damos gracias a Dios por la seguridad y la gracia del día. Mañana zarparemos hacia Ceuta, en la costa norte de Marruecos, en el continente africano.

A primera vista, Ceuta (España) parece una imponente ciudad utilizada sobre todo con fines militares. Es un enclave español en la costa, que España controla de forma autónoma, y limita con Marruecos. Filas y filas de barracones de estilo militar parecen dominar las estructuras de la ciudad. El cercano monte Hacho se identifica como posiblemente la columna sur de Hércules del antiguo mundo mediterráneo. Un taxista turístico nos ayuda con información histórica, así como con el transporte, por la ciudad. Le pido al conductor que se acerque mucho a la puerta de entrada marroquí. Entonces me bajo y camino directamente hacia la puerta, que está repleta de guardias fuertemente armados que muestran sus armas.

Así que levanto las manos, camino hasta la puerta, saludo a los guardias, doy media vuelta y vuelvo al taxi. Ahora puedo decir legítimamente que estamos en el norte de África. Alabo y doy gracias al Espíritu Santo por su seguridad. Continuamos nuestro recorrido por la ciudad.

El barco ofrece una excursión por Marruecos, pero advierte a todos los turistas de la escasez de cuartos de baño y de que las carreteras pueden estar en muy mal estado mientras se viaja en un transporte tipo autobús escolar. Hay que entregar todos los pasaportes antes de cruzar la puerta. Ninguno de los turistas marroquíes disfruta realmente de su visita, y algunos dicen temer por sus vidas. Nadie dice que volvería a hacerlo.

Hoy es un nuevo día con un cambio tanto en el tipo de puerto como en el lugar de celebración. El encantador puerto de Sete está catalogado como municipio en Francia y limita por un lado con una laguna de agua salada de gran biodiversidad. De hecho, toda la costa mediterránea cuenta con maravillosas playas de arena. En la ciudad, la belleza no se pierde con los numerosos canales y puentes que tejen la zona. En esta localidad no hay taxis; todo se hace a pie.

Disfrutamos de un almuerzo encantador y pintoresco, con nuestra mesa sentada al borde de uno de los canales. Justo al lado del restaurante hay una zona comercial de muy buen gusto pero muy concurrida. Curioseamos por la zona comercial y paseamos despreocupadamente por los canales, apreciando la magnífica belleza de este lugar. El aire se llena de serenidad.

El mejor puerto se guarda para el final. La espléndida ciudad de Barcelona (España) es, sin duda, uno de los destinos más codiciados del mundo. Es totalmente cosmopolita y proyecta un crisol único de las distintas culturas del mundo. Caracterizo a Barcelona como una sobrecarga arquitectónica con buena comida. El barco ha atracado en el puerto en este último día de crucero, así que utilizamos el barco como nuestra habitación de hotel y en realidad no tenemos que desembarcar con equipaje hasta mañana. Aprovechamos la excursión del barco para visitar la atracción número uno de Barcelona: La Sagrada Familia, una basílica diseñada artísticamente por Antoni Gaudí en 1852.

La Sagrada Familia

La construcción de este templo comenzó en 1882 y se espera que continúe hasta 2026. Es realmente una asombrosa presentación de la arquitectura Art Nouveau. La UNESCO la declaró Patrimonio de la Humanidad en 1984.

Vista interna de La Sagrada Familia

Una vez en la Sagrada, uno se queda tan asombrado que le cuesta cerrar la boca. Mientras se recorre el templo, la mayor parte del tiempo se tensa el cuello intentando mirar hacia arriba. Dentro es aún mejor, y el "Ave María" se escucha con gusto mientras uno se pierde en el momento. Las palabras de este escritor no bastan para describir la asombrosa estructura. Tras casi dos horas en las instalaciones, disfrutamos de un almuerzo tardío a base de tapas y regresamos al barco.

Hoy nos dirigimos a nuestro hotel, el Hotel Palace, dispuestos a pasar más tiempo en esta apasionante ciudad. Nos dirigimos unas manzanas hasta un céntrico punto de transporte donde tomamos un autobús urbano de dos pisos para nuestra primera visita. Nos interesa especialmente la arquitectura artística de Gaudí y el gran monumento a Cristóbal Colón en medio de una rotonda. Esta estatua tiene 197 pies de altura y está situada en el extremo inferior del bulevar de La Rambla. Se construyó para la Exposición de Barcelona (1888) en honor del primer viaje de Colón a América. Este bello monumento fue retirado posteriormente por herir los sentimientos de algunos catalanes.

Hoy visitamos el Museo Marítimo, que lleva años en mi lista de deseos. En realidad, se encuentra en un edificio histórico utilizado para la construcción de buques de guerra para la flota de la Corona de Aragón. En 2006, este museo fue declarado monumento principal de interés nacional. Aquí se albergan los fondos más importantes de la historia de Gran Bretaña en el mar. Se incluyen manuscritos con registros públicos oficiales, maquetas y planos de barcos e instrumentos científicos y de navegación. Se expone una réplica a tamaño natural de una galera de la época de 1590. También pueden verse algunos pequeños artefactos de la época magallánica. Este mágico edificio es el paraíso de los marinos y confirma el dominio marítimo de España desde la Edad Media hasta principios de la Edad Moderna. Un lugar realmente asombroso.

Wilma quiere pasar la tarde en la playa para experimentar el Mediterráneo en persona. La arena brillante de la playa es como caminar sobre una estufa. Hay que protegerse los pies o al menos tener sombra. Afortunadamente, podemos alquilar una de las pocas sombrillas que quedan, pero sin sillas. Muchas mujeres europeas optan por hacer topless en la playa, lo que mejora o entorpece la vista según la opinión de cada uno. La playa en sí está muy abarrotada, como meter a uno de más en una cama. En general no me gusta, pero Wilma parece disfrutarla. Al menos podemos decir que metimos los pies en el Mediterráneo.

Después de trasnochar bastante la noche anterior, nos tomamos este nuevo día con calma. Pasamos un día informal paseando, disfrutando de la arquitectura y de un parque cercano, y luego decidimos ver el espectáculo de luces a primera hora de la noche. La Fuente Mágica de Barcelona es un colorido espectáculo de luz y música con acrobacias acuáticas y es gratuito para el público. Consta de innumerables fuentes de agua, con luces de diferentes colores que brillan a través del chorro mientras se escuchan diferentes músicas. Se inauguró en 1929 gracias a la dirección del arquitecto Carles Buïgas y se exhibe varias veces por semana. El espectáculo te relaja durante una hora u hora y media y merece la pena el pequeño esfuerzo que supone llegar hasta allí. Decidimos coger un autobús de vuelta al hotel en lugar de esperar un taxi, ya que es sábado por la noche y el transporte es limitado. Creemos encontrar el autobús correcto por la señalización, ya que nadie habla inglés. Tras veinte minutos de trayecto, no veo ningún punto de referencia familiar. Todo es diferente. Después de otros veinte minutos, subo el volumen y digo que estamos en el lugar equivocado y en la dirección equivocada. Una señora española habla con el conductor y le hace señas para que nos bajemos cuando se detenga. La señora también se baja con nosotros. Supongo que debemos esperar en este cruce de cinco puntos a que llegue otro autobús o un taxi. Ya son cerca de las 12:30 de la mañana y empezamos a preocuparnos. Con la barrera del idioma, poco a poco empezamos a entender que no habrá más autobuses ni taxis después de medianoche. La señora se queda con nosotros durante este periodo de ansiedad. De la nada, aparece un joven, se presenta y se ofrece a ayudarnos. Ha trabajado en el Departamento de Inmigración en Washington D.C. y habla un inglés perfecto. Miro a mi alrededor y la señora española ha desaparecido.

Museo Mariners, Barcelona

El joven nos acompaña hasta una boca de metro, paga la tasa y nos dice en qué metro subir y dónde bajar. Intento pagarle, pero no lo acepta. Atravesamos las puertas y damos media vuelta para saludar al joven, pero ha desaparecido.

En el hotel, doy gracias al Espíritu Santo por su presencia eterna, reconociendo que es responsable de nuestra seguridad. La basílica de Santa María del Mar es la única iglesia de gótico catalán puro de Barcelona. Tiene casi setecientos años y literalmente significa "Santa María del Mar". Se construyó entre 1329 y 1384 y es uno de los símbolos identificativos de Barcelona. Nuestra visita aquí es de asombro. Muchos barceloneses consideran esta iglesia la más bella de Barcelona.

Otras características agradables de Baredona son la limpieza en todos los lugares por los que se transita, junto con las calles anchas, así como las aceras pavimentadas y de baldosas. Los carriles bici están separados de las aceras para pasear y montar en bicicleta. En general, España es un país muy limpio y amable y un placer visitarlo. Espero volver algún día. Mañana por la mañana volaremos de vuelta a casa, y recordaremos esta excursión por el Mediterráneo el resto de nuestras vidas.

7

La Belleza de la Montaña en Otoño

Seguimos hablando de nuestro fabuloso viaje por el Mediterráneo durante este mes de junio. Los hábitos sociales semanales se han reducido a la iglesia los fines de semana, partidas de bridge, estudios bíblicos y, por lo general, divertidos almuerzos diarios. Las noches suelen transcurrir escuchando música o en discusiones diversas y a veces incluyen un cóctel. Hay desacuerdos, pero la mayoría son pequeños y suelen empezar con el estilo de decoración dentro de mi casa. Sin embargo, hay un desacuerdo importante relacionado con los aparentes celos de Wilma hacia mi difunta esposa. No puedo entender cómo una persona puede estar celosa del recuerdo de otra, sobre todo cuando esa persona ha fallecido. A regañadientes, acepto ocultar fotos y limitar la conversación sobre mi difunta esposa. La vida nocturna como tal también se ha visto restringida, ya que temo que conducir después de uno o dos cócteles produzca una enorme exposición al riesgo que podría resultar en un completo desastre. No obstante, el 4 de julio podemos disfrutar de un espectáculo nocturno de fuegos artificiales y de una cena de tapas en el Ritz-Carlton local. Esta celebración es, como siempre, un bello espectáculo ofrecido gratuitamente por el Ritz cada año. La comunidad de Fernandina Beach considera este acontecimiento uno de los más destacados de la temporada estival.

Estamos en agosto y Wilma está a punto de celebrar otro viaje alrededor del sol. Este año le ofrezco llevarla un fin de semana largo a San Agustín, Florida, aunque su madre vive allí, por lo que Wilma ha estado muchas veces. Ella acepta alegremente la propuesta, y reservamos en el Hotel Casa Monica, en el centro de la ciudad. Se trata de un hotel de lujo considerado el mejor de su clase en Saint Augustine. Pasamos el fin de semana como nuevos turistas, haciendo varias visitas históricas y cenando en nuestros restaurantes favoritos. También probamos algo de la vida nocturna disponible. En conjunto, considero que ha sido un fin de semana muy fructífero, y tengo esperanzas para el futuro. Creo sinceramente que Dios ha querido una vida familiar para toda la humanidad, incluso para dos ancianos como Wilma y yo.

Montañas de North Carolina

Ha llegado el mes de octubre y propongo una visita a las montañas de Carolina del Norte para presenciar el festival de las hojas otoñales. La primera etapa es la zona de Columbia, Carolina del Sur, para pasar la noche con dos de mis mejores amigos. Los considero parte de mi gran familia. A primera hora de la tarde, disfrutamos de un corto paseo en pontón por el lago, para ver la casa donde vivía antes de venir a Fernandina Beach. El patio trasero de esta casa sigue siendo elegante, y el cenador me recuerda muchos buenos momentos pasados con grandes fiestas en este delicioso lago. Mis amigos están muy contentos de conocer por fin a Wilma y nos desean lo mejor.

Al día siguiente nos dirigimos a Asheville, Carolina del Norte, para visitar la magnífica casa y plantación de Hiltmore. Este asombroso lugar es el destino más importante de la parte occidental de Carolina del Norte. La finca cuenta con ocho mil acres para la estructura del castillo y preciosos jardines. Se trata de una casa familiar construida por George Vanderbilt, que emplea un diseño renacentista francés, y que funciona de forma única con ocho motores diésel instalados en el sótano. El castillo se construyó a lo largo de seis años con la ayuda de una comunidad de artesanos y, en la medida de lo posible, con mano de obra de la zona de Asheville, lo que dio a los lugareños un sentimiento de logro y propiedad. La casa tiene más de cuatro acres de superficie, treinta y cinco habitaciones y sesenta y cinco chimeneas. La temporada navideña es la mejor época para visitar Hiltmore, con todos los árboles de Navidad y las magníficas decoraciones, con un ambiente festivo por todas partes. Las vistas desde una de las muchas terrazas y cubiertas ofrecen como telón de fondo exterior las encantadoras montañas Blue Ridge, que inspiran incluso al crítico más severo.

Interior de la casa Biltmore

En su filantropía, Vanderbilt vende ochenta y siete mil acres de la finca al Servicio Forestal de Estados Unidos por menos de S5 el acre. Con estas tierras se crea el Bosque Nacional de Pisgah, uno de los primeros bosques nacionales a orillas del río Mississippi. En 1963, Biltmore es declarado Monumento Histórico Nacional. Pasamos los dos días siguientes conduciendo por los alrededores, admirando la revelación natural de Dios, presentada de forma tan elocuente en el oeste de Carolina del Norte. A Wilma le encantan los colores y el follaje, ya que ha pasado la mayor parte de su vida en los confines de Florida.

Nuestra vida cotidiana parece ir sobre ruedas y las perspectivas matrimoniales siguen siendo muy positivas. Cuando se acerca Acción de Gracias, Wilma vuelve a rechazar la oportunidad de viajar a Myrtle Beach. Reacciono con comprensión, pero incluso la madre de Wilma dice: "Deberías ir con tu marido". Esta época sigue siendo mi favorita del año para celebrar con mis hijos y nietos. Es realmente lo mejor de mi año, así que comprendo los sentimientos de Wilma. El martes por la noche me alojo en el hotel de Surfside Beach y me reúno con Kelvin y Stenny en su casa. Todo el grupo decide ir a un local favorito a comer pizza y bailar. La comida es estupenda; yo disfruto más bailando con mis nietos. Pero, para mi consternación, este viejo cuerpo vuelve a delatarme y a recordarme lo viejo que soy. Eso ocurre a veces, pero seguimos activos y no renunciamos a nada. La celebración sigue siendo una alegría duradera para mí.

El miércoles es un día tranquilo, con algunas compras y visitas. Tradicionalmente, la mañana de Acción de Gracias consiste en un maratón de ocho kilómetros llamado "trote del pavo", que comienza sobre las 8 de la mañana y en el que participan varios miembros de la familia. Otro acontecimiento divertido que grabar en nuestro banco de recuerdos. El festín comienza a media tarde del jueves y continúa durante el resto del día. Kelvin es un excelente chef, y él y Stenny prometen continuar con su mágica tradición en futuras celebraciones de Acción de Gracias. Casi todos los participantes regresan a sus casas al día siguiente de Acción de Gracias y todos se sienten satisfechos y agradecidos.

Wilma me manda un mensaje diciendo que quiere pasar el fin de semana con su familia y que me verá el lunes. Me conformo con ver partidos de fútbol con Katie y preparar mi propio festín en la barbacoa. El tranquilo fin de semana se ve interrumpido el domingo por la noche, sobre las 23:00, cuando Katie empieza a ladrar fuerte delante de mis narices. Me despierto diciendo: "¿Qué demonios estás haciendo? ¿Cómo has salido del lavadero? ¿Por qué me sacas fuera?". Entonces veo salir humo de la casa de al lado, donde viven dos ancianos... la rápida respuesta de los bomberos al 911 salva a las dos personas que viven allí y minimiza los daños en su casa. Este incendio en la cocina podría haber sido mucho peor sin la alarma de Katie. A estas alturas, todo el vecindario está despierto y Katie consigue el triplete. Vuelve a ser honrada por los equipos de primera intervención y elogiada por los medios de comunicación locales. Afortunadamente, encuentro a un manitas que repara la puerta del lavadero. Con mi mala audición, Katie documenta lo necesario para llamar mi atención.

A principios de diciembre, Wilma empieza a decorar el árbol de Navidad. Nos decantamos por un pequeño árbol preiluminado, ya que es bastante bonito y requiere mucho menos esfuerzo. Ambos disfrutamos cada año de nuestra misión en el Ejército de Salvación. Nos encanta tocar las campanas y saludar a todos los compradores navideños. Se ha convertido en nuestra pequeña tradición. En general, este es un buen año y, notablemente, entramos en 2018.

¿No es interesante cómo toda la Biblia parece girar en torno a un concepto convincente de familia y de núcleo familiar de la vida misma?

8

Visitar Maravillas Sudamericanas para Observar el Retrato de Dios

Estamos listos para viajar a Sudamérica de un día para otro utilizando alojamientos de primera clase. Volaremos de Atlanta a Santiago de Chile, lo que nos llevará unas nueve horas y media. Delta me invita a utilizar sus instalaciones Sky Miles Club Atlanta, con asientos de lujo y bebidas y aperitivos disponibles. Todo esto es un bonito detalle, que nos proporciona una agradable despedida con alegre expectación. Estamos muy agradecidos, ya que el interior del avión es precioso y nos sentimos completamente bienvenidos. El vuelo nocturno es otra cosa. El trayecto recuerda a conducir por carreteras comarcales saturadas de baches mientras se atraviesa un terreno montañoso en un todoterreno. Dormir parece imposible en estas condiciones, pero nos las arreglamos como podemos. La tripulación es muy agradable y siempre está dispuesta a ayudar. Por fin aterrizamos en Santiago tras una noche dura. Ahora nos esperan largas colas en inmigración y aduanas, y luego un taxi hasta nuestro hotel. Tenemos previsto recorrer Santiago hoy y luego pasar unos días en Valparaíso.

Alquilamos un taxi turístico en el hotel y, afortunadamente, tenemos un conductor que habla bastante bien inglés. Santiago es la ciudad más grande de Chile y también su capital. Con más de seis millones de habitantes, es la metrópoli más pujante de Chile.

Funciona en un sistema políticamente capitalista que proporciona a sus residentes un creciente nivel de vida. La ciudad se asienta sobre el sistema de canales del río Afapocho, con magníficas vistas de las altas cumbres de los Andes. Las nieves invernales ayudan a suministrar agua durante los meses de verano a través del sistema de canales. Podemos visitar la hermosa estatua de la Inmaculada Concepción (María) en el cerro San Cristóbal. Se supone que la estatua representa una reproducción de la Virgen de Roma y fue diseñada por Luigi Poletti y es obra de Guiseppe Obici. También se ve el Palacio de La Moneda, es decir, la casa del Presidente. Una hora de viaje nos lleva al océano Pacífico o a los Andes. Le pido al conductor que pare en la Bolsa de Valores. El director está en la acera, así que le pregunto amablemente si puedo mirar dentro. Asiente con la cabeza. Entro, echo un vistazo a la bolsa electrónica y salgo al cabo de unos quince minutos. Nuestro conductor parece asombrado. Dice que nunca había visto algo así. Por la tarde visitamos varios monumentos destacados antes de volver al hotel.

Hago una foto a dos policías en la esquina cercana al intercambiador y, por sus caras, desde luego no me lo agradecen. Pero después de hablar un rato con ellos, sonríen e incluso posan para hacerse fotos conmigo. Les digo bromeando: "Por favor, no me pongan una camisa de rayas", y se ríen. Nos advierten sobre los carteristas que deambulan por las calles, llamándolos apropiadamente el enemigo, igual que el diablo en la Biblia. Agradezco al Espíritu Santo que nos mantenga bajo su protección.

Después del desayuno, un nuevo guía turístico nos recoge para el viaje a Valparaíso, donde permanecemos unos días antes del crucero. Mi primera impresión de la ciudad es que es muy colorida y tiene colinas muy empinadas, casi imposibles de caminar. Se la ha llamado la "joya del Pacífico", y antes de que se construyera el Canal de Panamá, Valparaíso era el principal puerto para los cargueros comerciales. Se considera un lugar muy artístico. La mayor parte de lo que hoy se ve en Valparaíso fue reconstruido tras un trágico terremoto en 1906, aunque aún existen algunas antiguas estructuras coloniales. Fue fundada en 1536 por un conquistador español, Juan Saavedra. Para la construcción de la ciudad se utilizan al menos cuarenta y dos cerros.

También hay una treintena de funiculares que ayudan a escalar las laderas. El clima es muy parecido al de California, con poca humedad y temperaturas agradables. Aquí el aire es estimulante y se respira con facilidad, como suele decirse. Nuestro hotel recuerda al colonialismo moderno, aunque cuenta con una piscina climatizada incluida en la tarifa diaria. Tiene una decoración antigua pero definitivamente inspiradora. A Wilma le encanta.

Después de registrarnos, decidimos bajar a las calles bajas, más cerca del océano, explorando la escalinata de piedra que desciende en espiral hasta el nivel del suelo. Al final llegamos a la conclusión de que es un ejercicio que debería reservarse para los más jóvenes. Estamos absolutamente agotados en la parte inferior y tenemos que sentarnos en un banco durante unos diez o quince minutos antes de movernos. El desnivel es de casi 300 metros. Después de subir cojeando por la calle, paramos en la primera cafetería que encontramos. Pasamos la mayor parte de la tarde entrando y saliendo de grandes almacenes y tiendas a nivel del mar. A medida que se acerca el atardecer, intentamos encontrar alguna forma de volver a subir la colina y no reconocemos adónde ir, ya que toda la señalización está en español. Uno de los ángeles del lugar nos indica voluntariamente dónde y cómo subir al funicular que para cerca de la altura del hotel. Este aparato consiste en dos teleféricos que se equilibran entre sí con un sistema de poleas en el centro. Es decir, un teleférico sube y el otro baja.

La primera noche, vamos en taxi a un local nocturno con música. Cenamos un delicioso pescado en porciones generosas. Un saxofonista de gran talento ameniza la velada. Es un músico excelente que podría conseguir trabajo en cualquier parte de Estados Unidos. Usted notará la decoración, y el aspecto de la sala le recuerda a lo que debe ser hace 150 años en los Estados Unidos. Esa apreciación es bastante coherente en todo Chile fuera de Santiago. Los chilenos, sin embargo, tienen un comportamiento agradable y desbordan amabilidad. Es fácil caerles bien.

A la mañana siguiente, nos relajamos en la piscina y damos gracias a Dios por poder hacer este tipo de viaje y visitar este entorno. Después de asearnos, caminamos cuesta arriba, con mucho cuidado, en un ángulo de treinta grados. Los lugareños nos animan a subir diciendo: "Tómatelo con calma, paso a paso". Llegamos a un restaurante español muy elegante, de mantel blanco. El almuerzo es tan bueno como en cualquier otro sitio, sencillamente encantador. Pasamos la mayor parte del resto del día en el pequeño parque que hay frente al hotel, disfrutando del ambiente. Por la noche, vamos a otra discoteca sugerida por el hotel. Me acerco a la imponente puerta y llamo, sin saber si estamos en el lugar adecuado. Después de casi treinta minutos intentando entrar, una señora abre la puerta y nos pregunta qué queremos. Estoy bastante seguro de que nos hemos equivocado de lugar, pero una agradable señora nos invita a pasar al cabo de unos minutos. Entramos, y hay una familia parecida a los Soprano sentada en una mesa muy grande. Me planteo marcharme, pero no sé cómo llamar al taxi. La hija de la señora se acerca a saludarnos. Nos tranquiliza, habla un inglés perfecto y ha ido a la universidad en Estados Unidos. Así que cenamos unas tapas ligeras y disfrutamos de unos cócteles durante la velada. Dos guitarristas amenizan la velada e intentan cantar canciones country americanas en español. Son bastante buenos y, a medida que avanza la velada, todos nos hacemos amigos cordiales, incluidos los Soprano. Intentamos pagar la cuenta cuando nos vamos, pero el sistema utilizado no acepta mi tarjeta de crédito. La hija de la universitaria vuelve a salvar el día. Llama a un taxi para que nos lleve gratis al hotel y el restaurante se hace cargo de los gastos. Es como visitar a la familia. Me encanta el pueblo chileno.

Hoy, nuestro taxista turístico, que nos trajo al hotel, nos va a enseñar más de Valparaíso. Visitamos muchos más hoteles menos caros e incluso algunos Airbnbs. También se visitan los grandes muelles utilizados para los cruceros y el resto del paseo marítimo. Actualmente, los cruceros no utilizan Valparaíso porque los lugareños intentaron subir demasiado las tasas de atraque. A continuación, nos dirigimos a un San Antonio poco inspirador al sur de Valparaíso. El conductor nos deja en el hotel y promete recogernos a última hora de la mañana para llevarnos a la terminal de cruceros. Escuchamos a un cantante tipo Billy Joel tocando el piano en una sala especial del hotel. También se sirven tapas y bebidas ligeras. La bebida alcohólica especial se llama Pisco, nombre de una ciudad de Perú. Es un brebaje especial a base de aguardiente y cítricos. Disfrutamos de una estancia maravillosa y dimos gracias a Dios por la magnífica experiencia.

El viaje a San Antonio es encantador y el embarque en el crucero se realiza de forma agradable y sencilla. Pasamos una agradable velada mientras nos acomodamos en el lujoso crucero. Nuestra primera parada es en una zona desértica cerca de Pisco, Perú. Seleccionamos para ese día la excursión a las líneas de Nazca, que debe realizarse en una avioneta. Según Wikipedia, las líneas de Nazca son un conjunto de geoglifos realizados en el suelo del desierto de Nazca, en el sur de Perú. Se crearon haciendo depresiones o incisiones poco profundas en el suelo del desierto, retirando guijarros y dejando al descubierto tierra de distintos colores. Hay dos fases principales de las líneas de Nazca: la Fase Paracas, del 400 al 200 a.C., y la Fase Nazca, del 200 a.C. al 500 d.C. En los años transcurridos hasta 2020, se han hallado entre 80 y 100 nuevas figuras con el uso de drones, y los arqueólogos creen que aún quedan más por encontrar.

La mayoría de las líneas atraviesan el paisaje en línea recta, pero también hay diseños figurativos de animales y plantas. La longitud combinada de todas las líneas es de más de ochocientas millas, y el grupo cubre un área de unas diecinueve millas cuadradas. Las líneas suelen tener entre 10 y 15 centímetros de profundidad. Se hicieron retirando la capa superior de guijarros recubiertos de óxido de hierro de color marrón rojizo para dejar al descubierto un subsuelo gris amarillento. La mayoría de las líneas miden unos trece centímetros de ancho. Algunas de las líneas de Nazca forman figuras que se ven mejor desde el aire. Los escalones suelen estar formados por una línea continua. Las más grandes miden unos cuatrocientos metros de largo. Debido a su aislamiento y al clima seco, estable y sin viento de la meseta, las líneas se han conservado en su mayor parte de forma natural. Las líneas están notablemente bien conservadas, pero se han ido deteriorando desde 2012, principalmente debido a la afluencia de ocupantes ilegales que habitan el terreno. Las figuras varían en complejidad: cientos de líneas simples y formas geométricas; más de setenta incluyen criaturas animales como colibríes, arañas, peces, cóndores, garzas, lagartos, perros y un humano. Otras formas son árboles y flores.

Los estudiosos difieren en la interpretación de la finalidad de los diseños, pero en general les atribuyen un significado religioso. En 1994 fueron declarados Patrimonio de la Humanidad por la UNESCO. Al parecer, la cultura y el pueblo de Nazca dejaron de existir. A partir del año 500 d.C., la civilización empezó a decaer, y hacia el 750 d.C., la civilización había caído por completo. Se atribuye su desaparición a una inundación generalizada provocada por El Niño. Adoraban la naturaleza de las montañas y el mar que les rodeaba. Tenían varias deidades. Doy gracias a Dios por esta experiencia única y educativa. El aeropuerto de aquí acaba de construirse y aún no está a pleno rendimiento. Tiene un aspecto muy extraño.

Un sitio que me gustaría ver hoy, pero no tenemos tiempo, es Chankillo, Perú. Según Wikipedia, se trata de un antiguo complejo monumental fundado en el año 300 a.C.. Además, las ruinas incluyen el fuerte de Chankillo, situado en lo alto de una colina, con un observatorio solar de trece torres y lugares de reunión residencial. Al parecer, un líder religioso puede asumir el mando desde una de estas torres. El sitio fue declarado Patrimonio de la Humanidad por la UNESCO en julio de 2021. Hora de volver al barco.

La parada de hoy es Lima, Perú, una ciudad llena de contrastes. El barco obliga a todos los pasajeros a pasar por dos puertas armadas muy separadas. A continuación, un autobús recorre más de sesenta kilómetros antes de detenerse en una pequeña ciudad relativamente segura. Todos los pasajeros deben reunirse en este punto para regresar al barco. Los barrios cercanos al barco son en su mayoría zonas pobres con una alta reputación de delincuencia. Recientemente se han denunciado varios robos a punta de pistola. Compartimos un taxi turístico con otra pareja y, por suerte, ambos hablan español, por lo que entenderse con el taxista hoy es pan comido. Los modernos y hermosos centros comerciales contrastan con las pequeñas tiendas de los barrios más pobres.

Los cuatro estamos de pie fuera del taxi mirando a un edificio gubernamental cuando nos vemos abruptamente rodeados por la policía y los medios de comunicación. El taxista nos informa de que el Presidente dimite y sale del palacio para despedirse de todos, incluido su personal. Al parecer, ha malversado fondos públicos y, tras un juicio, se ha visto obligado a dimitir. Su entrañable personal se reúne a su alrededor mientras saluda a los transeúntes y a las dos o tres mil personas que lo observan. Pudimos tomar varias fotos de este inesperado acontecimiento. Me sorprenden los extremos culturales. Hay un distrito comercial muy moderno, según la descripción de cualquiera, con instalaciones sanitarias modernas e inmaculadas, situado muy cerca de los centros de pobreza. Conduciendo un poco más, vemos un distrito muy artístico ubicado en un campus universitario local. La ciudad muestra un abanico de riqueza que va desde los bajos fondos hasta lo más alto de la cadena alimentaria económica. La delincuencia es un problema grave, aunque nos dicen que en México es peor. Una vez más, es una ciudad de contrastes y estoy muy agradecida por haberla visitado.

La parada del crucero del día siguiente es Moche, Trujillo, que se encuentra en la zona desértica de Perú. Todavía me sorprende cómo la zona desértica se encuentra cerca del océano, y la zona agrícola fértil se encuentra tierra adentro. Hoy visitamos La Huaca de la Luna, es decir, el Templo de la Luna. Este templo formaba parte de la antigua capital moche y fue construido durante los primeros ocho siglos, utilizando únicamente ladrillos de adobe. Nuestro guía turístico nos explicó que el templo se utilizaba para ceremonias religiosas y probablemente también implicaba sacrificios humanos. Al visitar esta pirámide, lo primero que se ve es la "Avenida de los Muertos", que luego nos guía directamente a la Pirámide de la Luna. En definitiva, fue una visita macabra. Esta misma excursión, sorprendentemente, incluye un hermoso espectáculo ecuestre como entretenimiento vespertino. Qué cambio de rumbo tan aliviador. El país de Perú nos ha proporcionado una aventura abrumadora.

El hermoso país de Ecuador es nuestro próximo evento de viaje en crucero. El barco hace escala en el puerto de Atlanta y subimos a un autobús turístico para empezar el día. El clima aquí sorprende a la mayoría de los visitantes, con temperaturas muy moderadas durante todo el año. Los días más frescos rondan los setenta y tres grados, y los más cálidos los ochenta y cuatro. Esperaba que las temperaturas de la estación cálida superaran al menos los 110 grados. Almorzamos en un encantador restaurante al aire libre en la playa frente al océano. Nos quedamos allí unas dos horas antes de cruzar la calle para ver a los ecuatorianos hacer sombreros de Panamá. Aparentemente, todos los sombreros de Panamá se fabrican en Ecuador. Es decir, ninguno se fabrica en Panamá. La paja procedente de la hoja de la palma toquilla constituye la materia prima. Su especial patrón de construcción permite retorcer el sombrero y meterlo en un recipiente cilíndrico para su transporte o almacenamiento. Luego se puede recuperar a mano como un fedora de bonita forma. Disfrutamos mucho con esta interesante manualidad. Tenía muchas ganas de ver la demostración de la fuerza de Coriolis, que sólo puede verse en la línea del ecuador. Este deseo podría haberse satisfecho en la cercana capital de Quito, pero no tuvimos tiempo de ir allí). Como la Tierra gira sobre su eje, el aire circulante se desvía hacia la derecha en el hemisferio norte y hacia la izquierda en el hemisferio sur. Esta desviación se denomina efecto Coriolis. Una explicación sencilla extraída del diccionario: Se observa fácilmente en qué dirección gira el círculo cuando se vacía un fregadero (no hay círculo en la línea ecuatorial real).

Nuestra próxima parada es Ciudad de Panamá, prueba de lo que el dinero puede hacer en poco tiempo. Al acercarse a Ciudad de Panamá, el horizonte rivaliza con el de Nueva York. Este asombroso espectáculo se consigue con el dinero de los tránsitos de los barcos del Canal de Panamá. La moderna urbanización es la propia capital de Panamá, aunque no todos los edificios de oficinas están totalmente ocupados.

Casa del presidente - Lima, Peru

Recientemente, Panamá ocupó el primer puesto en la lista de International Living de los mejores lugares del mundo para jubilarse en 2022. La gente allí es muy feliz, ya que el país es rico en capital. El Canal de Panamá ha hecho todo esto posible. Esta nueva ciudad se construyó en diez años, sin duda un logro notable, pero a la infraestructura le queda mucho camino por recorrer. Un joven ingeniero con talento podría disfrutar aquí de una vida lucrativa y fascinante. La población no llega a quinientos mil habitantes, aunque aumenta rápidamente.

Wilma ha quedado impresionada con la cultura y el casco antiguo de Casco Antiguo, en el centro de la ciudad de Panamá, también conocido como "el barrio viejo". Está considerado Patrimonio Cultural de la Humanidad por la UNESCO y fue fundado en 1673. La zona es agradable para un relajante paseo y una pequeña comida en uno de los maravillosos restaurantes disponibles. Los productos de arte textil de la zona del casco antiguo son estupendos recuerdos turísticos. Panamá se ha hecho tan popular que hay un vuelo directo desde Orlando (Florida) a Ciudad de Panamá.

Algunos dirán que este tipo de viajes son ejemplos de idolatría. Yo digo que estos viajes son fuertes lecciones de humildad y un retrato vivo de la creación. No sólo contemplamos la fantástica revelación natural de Dios, sino que observamos los dones que la humanidad ha recibido de Dios. La idolatría es un tema muy serio, con una afirmación directa de esclavitud.

9

Crimen contra Dios: Idolatría

No tendrás dioses ajenos delante de mí. No te harás imagen tallada, ni ninguna semejanza de lo que esté arriba en el cielo, ni abajo en la tierra, ni en las aguas debajo de la tierra. No te inclinarás ante ellos ni les servirás, porque yo, el Señor, tu Dios, soy un Dios celoso que visita la iniquidad de los padres de los hijos hasta la tercera y la cuarta generación de los que me odian, pero que muestra amor constante a los miles de los que me aman y guardan mis mandamientos.

Éxodo 20:3-6

A mí me parece bastante claro. ¿Qué parte de "No tendrás dioses ajenos" no entiendes? La idolatría es el pecado número uno contra Dios, atentando criminalmente contra Su primer mandamiento. Es una conducta ilícita a través del adulterio espiritual, engañando a nuestro Creador, y destruyendo nuestra relación fiel. La idolatría es rampante entre la humanidad. En su sermón "El peso de la gloria", C. S. Lewis observó que la idea de belleza y alegría que encontramos en las cosas y experiencias creadas es en realidad un reflejo de la belleza y alegría de Dios. La adoración de las cosas creadas es en realidad una forma de idolatría porque aleja de Dios mismo. La idolatría y las diversas formas que abarca siguen un camino complicado. Básicamente, todo lo que se adora fuera o en lugar de Dios se califica de idolatría. La forma más común de idolatría sería, por lo tanto, la idolatría de la identidad, en la que un hombre es autosuficiente o se centra en sí mismo.

Otra forma derivada de idolatría la llamaré "Mi presencia demuestra que soy importante". Esta forma de énfasis en la auto-identidad ocurre, incluso cuando miembros de la iglesia de apariencia fiel participan en actividades como llevar comidas a la gente o pequeñas misiones donde pueden ser vistos. Ellos codician el crédito dado, elevando su auto-importancia. A continuación se muestran algunos versículos bíblicos sobre la idolatría:

> Los ídolos de las naciones no son más que objetos de plata y oro, modelados por manos humanas. Tienen boca, pero no pueden hablar, y ojos, pero no pueden ver. Tienen coches, pero no oyen, y bocas, pero no respiran. Y los que hacen ídolos son como ellos, como todos los que confían en ellos.
>
> Salmo 135:15-17 NLT

> Queridos amigos, huid de la adoración de los ídolos
>
> 1 Corintios 10:14 NLT

> Queridos hijos, alejaos de todo lo que pueda ocupar el lugar de Dios en vuestros corazones.
>
> 1 Juan 5:21 NLT

> Así que haz morir las cosas pecaminosas y terrenales que te acechan. No sean avaros, porque el avaro es un idólatra.
>
> Colosenses 3 NLT

Juntos y con calma, fugitivos de las naciones circundantes. ¡Qué tontos son los que llevan sus ídolos de madera y rezan a dioses que no pueden salvar!

Isaías 45:20 NLT

Los que adoran a dioses falsos dan la espalda a una de las misericordias de Dios.

Jonás 2:8 NLT

¡Ve y clama a los dioses que has elegido! Deja que te rescaten en tu hora de angustia.

Jueces 10:14 NLT

No pongáis vuestra confianza en ídolos ni os hagáis imágenes mentales de dioses Yo soy el Señor, vuestro Dios.

Levítico 19:4 NLT

Los problemas se multiplican para los que persiguen a otros dioses.

Salmo 16:4 NLT

Antes de que ustedes los gentiles conocieran a Dios, eran esclavos de supuestos dioses que ni siquiera existen.

Gálatas 4:8 NLT

Pero las personas que no murieron en estas plagas aún se negaron a arrepentirse de sus malas acciones y volver a Dios.

Apocalipsis 9:20 NLT

Cuando sigues los deseos de tu propia naturaleza pecaminosa los resultados son muy claros: Inmoralidad, impureza, placeres lujuriosos, idolatría, hechicería, hostilidad, yo diría riñas, celos, ira, ambición egoísta, disensión, división, Envidia, y otros pecados como estos. Permítanme decirles de nuevo, como lo he hecho antes, que cualquiera que viva ese tipo de vida no heredará el Reino de Dios.

Gálatas 5:19-21 NLT

Qué tontos son los que fabrican ídolos. Estos objetos tan preciados en realidad no valen nada. Los que adoran ídolos no lo saben, y por eso se avergüenzan.

¿Quién sino un tonto haría su propio Dios, un ídolo que no puede ayudarle en nada?

Todos los que adoran botellas serán deshonrados junto con todos estos Artesanos-meros humanos que pretendían que podían hacer un Dios. Puede que todos permanezcan juntos, pero lo harán aterrorizados y avergonzados.

El herrero está de pie ante su fragua para fabricar una herramienta afilada, golpeándola y dándole forma con todas sus fuerzas. Su trabajo le da hambre y le debilita. Le da sed y le hace desfallecer.

A continuación, el tallista mide un bloque de madera y dibuja un patrón en él. Trabaja con un cincel y un cepillo y esculpe una figura humana. Le da belleza humana y la coloca en ese pequeño santuario.

Corta cedros, selecciona el ciprés y el roble, y planta el estanque en el bosque para que se nutra de la lluvia.

Luego utiliza parte de la madera para hacer un fuego. Donde se calienta y parte su pan. Entonces sí, es cierto que toma el resto y se hace un Dios para adorar. ¡Hace un ídolo y se inclina ante él!

Él quema parte del árbol para asar su carne y mantenerse caliente. Dice: "Qué bien sienta el fuego".

Entonces toma lo que queda y hace su Dios; ¡un ídolo tallado! Se postra ante él, lo adora y le reza "¡Rescátame!". Le dice: "Tú eres mi Dios".

¡Qué estupidez e ignorancia! Sus ojos están cerrados y no pueden ver, sus mentes están cerradas y no pueden pensar.

> La persona que hizo el ídolo nunca se para a reflexionar, ¡por qué, esto es sólo un bloque de madera!
>
> El pobre iluso se alimenta de cenizas. l le confía algo que no puede ayudarle en nada. Sin embargo, no se atreve a preguntarse: "¿Es mentira este ídolo que tengo en la mano?
>
> Isaías 44:9-20 NLT

A partir de las referencias bíblicas, vemos que el pecado de la idolatría es uno de estupidez y, en el sentido más banal, muestra una profunda debilidad. Su base está en el corazón, donde la adoración y la gratitud a Dios proporcionan a la humanidad la luz para seguir el camino correcto. Las adicciones toman control de nosotros y podrían convertirse en pequeños dioses. Caminar en el Espíritu con oración constante y en una relación matrimonial con Dios previene las dificultades que la idolatría puede traer. Incluso Adán tuvo problemas con la idolatría cuando tomó el fruto que le daría conocimiento del bien y del mal, compitiendo así con Dios usando la base maligna de Satanás.

Me gustaría revisar cómo algunos de los grandes cristianos del pasado definieron este tema tan importante. El primero sería J. C. Ryle describiendo:

Definición y Causa de la Idolatría.

> Creo que hemos llegado a un momento en el que el tema de la idolatría exige una investigación exhaustiva y penetrante. Creo que la idolatría está cerca de nosotros, entre nosotros y en medio de nosotros en una medida muy alarmante. El segundo mandamiento, en una palabra, está en peligro: "la plaga ha comenzado" (Núm. 16:46). Siento que el tema está rodeado de muchas dificultades. La verdad sobre la idolatría es, en el sentido más alto, la verdad para estos tiempos.
>
> Permítanme, entonces, proporcionar una definición de idolatría. Déjenme mostrar qué es, ya que es de suma importancia que entendamos esto. A menos que lo deje claro, no puedo hacer nada con el tema. La vaguedad y la imprecisión prevalecen en este punto, como

en casi todos los demás en la religión. El cristiano que no quiera encallar continuamente en su viaje espiritual debe tener su canal bien señalizado y su mente bien abastecida de definiciones claras.

Digo entonces, que la idolatría es la adoración en la que el honor debido a Dios en la Trinidad y solo a Él se otorga a algunas de sus criaturas o a alguna invención de sus criaturas. Puede variar enormemente. Puede asumir formas extremadamente diferentes, según la ignorancia o el conocimiento, la civilización o el barbarismo de quienes la ofrecen. Puede ser grotescamente absurda y ridícula, o puede estar muy cerca de la verdad y admitir una defensa muy plausible.

No es necesario que un hombre niegue formalmente a Dios y a Cristo para ser un idólatra. ¡Lejos de ello! La reverencia profesada por el Dios de la Biblia y la idolatría real son perfectamente compatibles. A menudo han ido de la mano, y aún lo hacen. Los hijos de Israel nunca pensaron en renunciar a Dios cuando persuadieron a Aarón para que hiciera el becerro de oro. "Estos son tus dioses, oh Israel", dijeron, "que te sacaron de la tierra de Egipto". Y la fiesta en honor al becerro fue celebrada como "una fiesta para el Señor" (Éxodo 32:4-5). Debemos observar que el ídolo no fue establecido como un rival de Dios, sino bajo el pretexto de ser una ayuda, un escalón para su servicio. Pero... se cometió un gran pecado. El honor debido a Dios fue dado a una representación visible de Él. La majestad de Jehová fue ofendida. El segundo mandamiento fue quebrantado. A los ojos de Dios, hubo un flagrante acto de idolatría.

Marquemos bien esto: es tiempo de desterrar de nuestras mentes esas ideas vagas sobre la idolatría que son comunes hoy en día. No debemos pensar, como muchos lo hacen, que solo hay dos tipos de idolatría: la idolatría espiritual del hombre que ama más a su esposa, hijo o dinero que a Dios; y luego la abierta y grosera idolatría del hombre que se inclina ante una imagen de madera, metal o piedra, porque no conoce algo mejor. Podemos estar seguros de que la idolatría es un pecado que ocupa un campo mucho más amplio que esto... Es una peste que camina por la Iglesia de Cristo en una medida mucho mayor de lo que muchos suponen. Es un mal que, como el hombre de pecado, se sienta en el mismo templo de Dios (2 Tesalonicenses 2:4). Es un pecado contra el cual todos necesitamos velar y orar continuamente. Se infiltra insensiblemente en nuestro culto religioso y está sobre nosotros antes de que nos demos cuenta. Recopilemos estas cosas en nuestras mentes y reflexionemos bien sobre ellas.

La idolatría es un tema que, en toda Iglesia de Cristo que desee mantenerse pura, debe ser examinado, entendido y conocido a fondo. No es en vano que San Pablo imponga el severo mandato de "huir de la idolatría."

Permítanme mostrar... La causa a la que puede remontarse la idolatría. ¿De dónde viene? Para el hombre que tiene una visión exagerada y elevada del intelecto y la razón humanos, la idolatría puede parecer absurda. Imagina que es demasiado irracional para que cualquier mente débil corra peligro por ella. Para un pensador superficial sobre el cristianismo, el peligro de la idolatría puede parecer muy pequeño. Cualquiera que sea el mandamiento quebrantado, tal hombre nos dirá, los cristianos profesantes no son muy propensos a transgredir el Segundo. Ahora bien, ambas personas muestran una ignorancia lamentable de la naturaleza humana. No ven que hay varias raíces de idolatría dentro de todos nosotros. La prevalencia de la idolatría en todas las épocas entre los paganos necesariamente desconcertará a uno, y las advertencias de los ministros protestantes contra la idolatría en la iglesia necesariamente parecerán innecesarias para el otro. Ambos están ciegos a su causa.

La causa de toda idolatría es la corrupción natural del corazón humano. La gran enfermedad familiar con la que todos los hijos de Adán están infectados desde su nacimiento se muestra en esto, como lo hace en otras mil maneras. De la misma fuente de la cual "proceden los malos pensamientos, adulterios, fornicaciones, asesinatos, robos, avaricias, maldades, engaños," y demás (Marcos 7:21-22), de esa misma fuente surgen las falsas concepciones de Dios y las falsas concepciones del culto que se le debe; y por lo tanto, cuando el apóstol Pablo le dice a los gálatas cuáles son "las obras de la carne", coloca entre ellas en lugar destacado la idolatría (Gálatas 5:19-20).

Una religión de algún tipo, el hombre tendrá. Dios no se ha

dejado sin testimonio en todos nosotros, caídos como estamos. Como antiguas inscripciones escondidas bajo montones de escombros. Aun así, hay algo grabado en lo profundo del corazón del hombre, por muy débil o medio borrado que esté, algo que lo hace sentir que debe tener una religión y un culto de algún tipo. La prueba de esto se encuentra en la historia de los viajes por todo el globo. Las excepciones a esta regla son tan pocas, si es que las hay, que solo confirman su verdad. La adoración del hombre en algún rincón oscuro de la tierra puede no elevarse más allá de un vago temor a un espíritu maligno y su deseo de apaciguarlo, pero una adoración de algún tipo el hombre tendrá.

Pero entonces entra en juego el efecto de la Caída. La ignorancia de Dios, las concepciones carnales y bajas de su naturaleza y atributos, las nociones terrenales y sensuales del servicio que le es aceptable, todas caracterizan la religión del hombre natural. Hay un anhelo en su mente de algo que pueda ver, sentir y tocar en su divinidad. Quiere bajar a su dios a su nivel. Desea hacer de su religión algo de sentido y vista. No tiene idea de la religión del corazón, la fe y el espíritu. En resumen, así como está dispuesto a vivir en la tierra de Dios, pero hasta que sea renovado por la gracia, vive una vida caída y degradada, así no tiene objeción a adorar de alguna manera, pero, hasta que sea renovado por el Espíritu Santo, siempre será con una adoración caída. En una palabra, la idolatría es un producto natural del corazón del hombre. Es una mala hierba que, como la tierra sin cultivar, el corazón siempre está dispuesto a producir.

La causa no es otra cosa que la profunda corrupción del corazón del hombre. Hay una inclinación y tendencia natural en todos nosotros a darle a Dios una adoración sensual y carnal, y no la que se manda en su palabra. Siempre estamos dispuestos, por nuestra pereza e incredulidad, a idear ayudas visibles y escalones en nuestro acercamiento a Él, y finalmente a dar a estas invenciones nuestras el honor que se le debe. De hecho, la idolatría es algo completamente antinatural y va contra el grano. Cualquier adoración, en lo que sea, es más agradable para el corazón natural que adorar a Dios como lo describe nuestro Señor Jesucristo, "en espíritu y en verdad".

Juan 4:24

Este artículo es de J.C. Ryle (1816-1900), quien fue un obispo anglicano inglés y autor. El artículo es de libre distribución de Free Grace Broadcaster.

10

Idolatría Condenada

Este artículo es de Charles Spurgeon (1834-1892) y se incluye aquí para ampliar nuestra iluminación sobre la idolatría. Se da libremente de la publicación de la libre emisora de gracia.

Hijitos, guardaos de los ídolos (1 Juan 5:21).

En esta epístola, Juan ha escrito mucho sobre el amor de Jesús, y bien podía hacerlo, pues sabía más sobre ese amor de lo que sabía cualquier cita que pareciera provenir de otro hombre. Y, sin embargo, cuando escribió sobre el amor a Jesús, sintió intensos celos de que los corazones de aquellos a quienes escribía no se apartaran de aquel amado amante de sus almas, que merecía todo su afecto. Por eso, no sólo por amarlos a ellos, sino también por amar a Jesús, concluyó su carta con estas significativas palabras: "Hijitos, guardaos de los ídolos...".

En primer lugar, evitad adoraros a vosotros mismos. ¡Ay, cuántos caen en este grave pecado! Algunos lo hacen por indulgencia en la mesa. Hay mucho de comer, y especialmente de beber, que, hablando correctamente, no es nada mejor que la glotonería y la borrachera. Hay cristianos profesantes que tal vez nunca se consideraron intoxicados, pero beben a sorbos y sorbos y sorbos hasta que, si no pierden el control de su cerebro, hacen que los observadores se pregunten si alguna vez bebieron algo. Es casi una lástima que algunos cristianos profesos puedan darse ese gusto en casa... Es una cosa escandalosa cuando hay un pecado como este En la Iglesia de Dios... Os exhortamos a todos vosotros, amados, a que procuréis no ofrecer sacrificios a la gula ni pobres exaltaciones a Baco (el dios mitológico del vino). Porque si lo hacéis, demostráis que sois idólatras que adoráis a vuestros propios vientres y que el amor de Dios no habita en vosotros.

Hay otros que se adoran a sí mismos viviendo una vida de indolencia. No tienen nada que hacer, y parece que lo hacen a conciencia. Se ocupan de su caso, y eso es lo principal por lo que se interesan. Revolotean de placer en placer, de espectáculo en espectáculo, de vanidad en vanidad, como si esta vida fuera sólo un jardín en el que las mariposas pudieran volar de flor en flor, y no una esfera en la que se ha de realizar un trabajo serio y se han de llevar a cabo los asuntos más importantes para la eternidad. No os adoréis a vosotros mismos jugando como esta gente indolente.

Luego hay algunas personas que hacen ídolos de su riqueza... conseguir dinero parece ser el propósito principal de sus vidas. Ahora bien, es correcto que un cristiano sea diligente en los negocios. No debería ser el segundo de nadie en la diligencia con la que atiende los asuntos de este mundo... pero siempre es una lástima cuando se nos puede decir sinceramente: "fulano de tal se enriquece cada año, pero también se ha vuelto más tacaño. Ahora da menos de lo que daba cuando tenía la mitad de lo que tiene ahora". De vez en cuando nos encontramos con personas como el hombre que, cuando era relativamente pobre, daba su dinero; pero cuando se hizo rico tenía menos.

Algunos adoran el oficio que han emprendido. Entregan toda su alma a su arte o a su vocación particular, sea cual sea. Pero nunca debemos olvidar que el primer y gran mandamiento es: "Amarás al Señor tu Dios con todo tu corazón, con toda tu alma y con toda tu mente" (Mt 22, 37). Esto debe ocupar siempre el primer lugar.

Eso puede tocar un punto muy tierno... hay quien hace ídolos de sus amigos y parientes más queridos. Algunos lo han hecho con sus hijos. Recuerdo haber leído la historia de un buen hombre que parecía que nunca podría perdonar a Dios por haberle quitado a su chi... estaba sentado en una reunión de cuáqueros, abatido y apesadumbrado, en su tiempo de liberación llegó cuando una hermana se levantó y pronunció estas palabras: "Verdaderamente, Dave sus hijos son ídolos," Y luego reanudó su scat tal mensaje como que a menudo se necesita; sin embargo, es una lástima que debe ser. No conviertan en ídolos a sus hijos, ni a sus esposas, ni a sus esposos; pues al ponerlos en el lugar de Cristo, en realidad provocan a Iirn para que les quite el control. Ámenlos tanto como les plazca; yo quisiera que algunos amaran a sus hijos, a sus esposos, o a sus esposas más de lo que lo hacen; pero ámenlos siempre de tal manera que Cristo tenga el primer lugar en sus corazones.

El catálogo de ídolos que somos propensos a adorar es muy largo... me llevaría mucho tiempo hacer una lista de las diversas formas que tomará la idolatría del corazón. Pero en una frase déjame decirte: recuerda que Dios tiene derecho a todo tu ser. No hay nada, y no puede haber nada que deba ser supremo en tus afectos excepto tu Señor. Y si adoras algo o cualquier ideal, sea lo que sea, si amas eso más de lo que amarías a tu Dios, eres un idólatra; y estás desobedeciendo el mandamiento del texto: Hijitos, guardaos de los ídolos.

Yo les diría a ustedes amados, al concluir mi observación sobre este punto; en el asunto de su fe, asegúrense de mantenerse alejados de los ociosos de la hora. Algunos de nosotros hemos vivido lo suficiente como para ver los ídolos del mundo alterados un sinnúmero de veces. Ahora mismo, en algunas iglesias profesamente cristianas, el ídolo es el "intelectualismo", la "cultura" y el "pensamiento moderno". Cualquiera que sea el nombre que lleve, no tiene derecho a estar en una Iglesia Cristiana, porque cree muy poco de lo que pertenece a Cristo. Ahora tengo algún tipo de respeto por un infiel francamente honesto, como Voltaire, o Thomas Paine. Pero no tengo ningún respeto por el hombre que va a la universidad para ser entrenado para el ministerio cristiano y luego afirma ser libre de dudar. La deidad de Cristo, la necesidad de conversión, el castigo de los malvados y otras verdades me parecen esenciales para una proclamación completa del Evangelio de Cristo. Tal hombre debe tener extraños puntos de vista sobre la honestidad... y lo mismo tiene el ministro que sube a un púlpito y se dirige a la gente cuando sabe que docs no cree ninguna de las doctrinas que les son más queridas que sus propias vidas. Sin embargo, en el momento en que se le pide cuentas por su incredulidad, grita: "¡Persecución! ¡Persecución! ¡Persecución! ¡Fanatismo! Fanatismo!" Un ladrón, si yo lo encontrara frente a la puerta de mi habitación y lo retuviera hasta que llegara la policía, podría considerarme muy intolerante porque no me importó que me robara mi propiedad y porque interferí con su libertad. Así, de la misma manera, me llaman intolerante porque no permitiré que un hombre venga y me asalte de mi propia marioneta las verdades que me son más queridas que mi vida. Estoy totalmente dispuesto a darle a ese hombre la libertad de ir y publicar sus puntos de vista en otro lugar y a su propio costo. Pero no lo hará a ningún costo ni en medio de una congregación reunida por mí para la adoración de Dios y la proclamación de la verdad tal como está revelada en las Escrituras. Guardaos de esta ociosidad de los tiempos; cuatro es precursora de muerte para cualquier iglesia que le dé entrada.

Creedme, hermanos míos, que la Iglesia de Cristo, si no el mundo, aprenderá todavía que la cultura más elevada es un corazón cultivado por la gracia divina; que la ciencia más verdadera es... Jesucristo y éste crucificado; y que el pensamiento más grande y la más profunda de todas las metafísicas se encuentran al pie de la cruz; y que el hombre que siga predicando sencilla y fervorosamente el Evangelio de antaño, y el pueblo que se mantenga firme en los viejos caminos son los que con mayor seguridad obtendrán la victoria. \Mientras que los que navegan en una frágil barca, que ellos mismos o sus compañeros pecadores han construido, sin timón, sin piloto al timón, irán a la deriva y se harán pedazos contra las rocas, los que confían en el Señor y lo tienen como piloto se librarán de las rocas en las que otros han naufragado y serán conducidos con seguridad al cielo de la paz y allí descansarán para siempre.

Spurgeon fue un ministro bautista muy influyente en Inglaterra, el predicador más leído de la historia aparte de los que se encuentran en las Escrituras. Es uno de nuestros gigantes.

El tema del adulterio espiritual es tan enormemente importante que no se puede exagerar su peligro. 1873 Esto es lo que separa a Dios del hombre. Esta es la razón por la que nuestro Señor Jesucristo fue enviado para redimirnos. La idolatría nos separa de nuestra relación eterna con Dios. Nuestras almas están en juego.

Culto idolátrico
John Flavel (c. 1630-1691)

No toques la idolatría y la superstición bajo cualquier nombre o noción que se te presente. Herc, tienes que ser muy cauteloso, circunspecto.

(1) **Porque es una cosa rastrera que obra en sí misma mediante pretensiones e insinuaciones plausibles** (2 Pe. 2:1; Ef. 4:14; Col. 2:23). A este respecto (misterio) está escrito en la frente de la ramera (Apoc. 17:5). Porque como bien observa el Dr. Usher, "La apostasía romana estoica en la iglesia disfrazada y por grados". Es un misterio de iniquidad, dice el apóstol, y un misterio operante (2 Tesalonicenses 2:7). Iniquidad, pero una iniquidad mística porque paliada y encubierta bajo el nombre y la pretensión de piedad y fidelidad. Las prácticas idólatras tienen apariencia de sabiduría (Col. 2:23). Dice Davenant sobre (este pasaje): "Son más modestos que pretender una revelación inmediata del Espíritu. Sin embargo, para que sus lugares e invenciones no tengan un pretexto de sabiduría divina, acostumbran decir que sus doctrinas y tradiciones no fueron consignadas por escrito por los apóstoles, sino pronunciadas por viva voz, según aquello de que "hablamos sabiduría entre los perfectos" (1 Co. 2:6). Y con el nombre de esta sabiduría, cada uno llama a sus propias ficciones. Dice Ireneo: "Así, a veces, bajo el pretexto de la sabiduría, el orden, la decencia, las tradiciones apostólicas, la antigüedad, el poder de la iglesia, etc., roba insensiblemente a los hombres, especialmente siendo tan aventajados por la propensión de la naturaleza corrupta a ello." A este propósito es observable que se dice que Babilonia, la madre de las rameras, da el vino de su fornicación en una copa de oro (Ap. 17:4). El vino en sí mismo es tentadoramente agradable, pero lo es más cuando se presenta en una copa de oro, cuyos bordes están azucarados y endulzados para hacerlo más agra-

decido. Por tanto, hijitos, quiero decir, vosotros, almas sencillas, simples y crédulas, propensas a dejarse seducir por las cosas bellas y relucientes, fijaos en vosotros mismos.

(2) **Porque no hay nada que provoque y encienda más la ira ardiente del Señor, que es un Dios celoso, que esto**. Hace que Su ira surja en I) su rostro como es esa expresión y enciende la ira consumidora (Eze. 38:18; 42:7-9). Por esta razón, el bendito Dios se queja a la manera de los hombres, como si Su corazón estuviera quebrantado. "Estoy quebrantado por su corazón fornicario, que se ha apartado de mí, y por sus ojos, que fornican en pos de sus ídolos" (Eze. 6:9). Si no es más que una mirada impúdica a un ídolo, llega al mismo corazón de Dios. Cuando ve que su pueblo cede a las tentaciones de ese ídolo, grita y clama: "¡Oh, no hagáis esta cosa abominable que yo aborrezco! Si hay en ustedes corazones de hijos, no hagan eso que, por decirlo así, rompe el corazón de su padre.

Pregunta: ¿pero qué entiende usted por idolatría y superstición? Esperamos que no se practiquen tales cosas entre nosotros. Paganos y papistas pueden ser culpables de ello.

Respondo: Permitidme que os abra estas cosas, y entonces quizá las veáis más cerca de vosotros de lo que os dais cuenta; y que esta advertencia es palabra a tiempo.

La idolatría entonces, de acuerdo con la definición verdadera y generalmente recibida de ella, es una adoración religiosa dada ya sea a lo que no es el verdadero Dios o al verdadero Dios mismo, pero de otra manera que Él ha prescrito en Su Palabra. De aquí vemos claramente que la adoración puede ser idólatra de dos maneras:

(1) **Con respecto al objeto**: si tiene por objeto algo que no sea el Dios verdadero, es una idolatría grosera como la que condena el Primer Mandamiento (es decir, la idolatría pagana, que la luz del Evangelio ha profanado y expulsado de estas partes del mundo durante mucho tiempo, o,

(2) **Con respecto a la manera**: cuando adoramos al Dios verdadero, pero en una forma y manera que Él no ha prescrito en Su Palabra, sino que es inventada e ideada por nosotros mismos, y esto es condenado como idolatría en el Segundo Mandamiento: "*No te harás*" (es decir, de tu propio cerebro o de tu propia cabeza) "*ninguna imagen*",

bajo cuyo título se prohíben como idolátricas todas las invenciones humanas que corrompen la adoración pura y simple de Dios.

Esta invención o fabricación para nosotros mismos es lo que la convierte en idolatría (Amo. 5:26; Núm. 15:39). De ahí que el becerro fundido se convirtiera en un ídolo para los israelitas, no porque fuera el objeto que se pretendía adorar con él, [lo cual] se desprende de Éxodo 32:4-5: "Mañana es fiesta para Jehová". Sin embargo, al ser una forma o manera de adorar al Dios verdadero, que era de su propia invención, se convirtió en idolatría.

Y esta adoración de Dios en nuestros caminos de nuestra propia invención se convierte en idolatría sobre una doble base: (1) *Como adoración voluntaria* (es decir, tal adoración que no tiene otra base o garantía sino la voluntad del hombre) (Col. 2:23) y así destrona a Dios al poner la voluntad de la criatura por encima de la Suya y otorgar el honor peculiar y la soberanía incomunicable y la gloria del bendito Dios a las criaturas. Porque la soberanía absoluta de Dios, que es Su gloria (1 Ti. 6:15), se manifiesta especialmente en dos cosas: ub Gus decretos (Rom. 9:20) y en Sus leyes (Is. 33:22; Stg. 4:12). El Señor es nuestro Rey y Legislador, y hay un solo Legislador. Ahora bien, al prescribir cualquier cosa por nuestra propia autoridad en el culto a Dios, se anulan los mandamientos de Dios (Mat. 15:6). Su Ley real es menospreciada, el trono de Dios invadido por las criaturas, que serán también un legislador, lo cual no puede ser soportado más de lo que los cielos pueden soportar dos soles; y Dios es por ello olvidado, como [dice] I Iosea 8:14: "Israel se ha olvidado de su ley y construye templos" (es decir, construyendo [templos] cuando Dios había designado un solo templo). Y por esta razón, la indignación y la ira de Dios humean tan terriblemente contra tales usurpadores, como en la triste historia de Nadab y Abiú, porque Dios es un Dios celoso, y los celos son la ira de un hombre. Dios considera esto como la mayor y más atrevida maldad que una criatura puede cometer a la ligera. "Toda la maldad de ellos está en Gilgal" (I Jos. 9:15) (es decir, el colmo de su maldad está allí) porque allí le adoraban según sus propios designios, lo cual era una afrenta tal a la sabiduría y soberanía de Dios que I Jc no podía de ninguna manera soportarlo. Esto se llama poner nuestro umbral al lado del umbral del Señor (Eze. 43:8). Y cuanto más se acerca esto a I Jc, tanto más le provoca a Él. Por eso, se dice en el mismo texto, había un "muro entre mí y ellos" (es decir, o bien causaba un muro de separación entre mí y ellos, como generalmente se expone, o bien señala cómo se provoca a Dios acercando tanto a Él sus propias invenciones). Porque en hebreo está escrito: "No había más que un muro entre ellos y yo". Y por lo tanto es evidente que las ceremonias doctrinales y simbólicas -quiero decir que tales ritos y ceremonias se introducen en el culto de Dios con un significado espiritual, meramente por la autoridad del hombre- son mezclas y adiciones idólatras, y tales por las cuales el Señor es terriblemente provocado. Toda la libertad que nos da la Escritura no es más que ésta: observar y realizar las cosas que Dios ha instituido de manera ordenada y decorosa (1 Co. 15:46) y no innovar cosas nuevas, cualesquiera y cuantas nos plazcan.

Y luego (2) se convierte en idolátrico también por este motivo, porque este atrevimiento de los hombres al adorar a Dios a su manera argumenta nociones y concepciones groseras y carnales de Dios. Cuando ideamos una manera carnal y pomposa de adorarle, es un argumento de que hemos erigido un ídolo. En primer lugar, en nuestra imaginación, uno como nosotros mismos y totalmente diferente del Dios verdadero, que es un ser sumamente simple, puro y espiritual, y como tal será adorado (Juan 4:24). Pero al idear una forma tan carnal de adoración, digo que es manifiesto, hemos imaginado para nosotros mismos otro dios, totalmente diferente de ese Dios que se nos revela en la Palabra. Por eso fue que Josué dijo al pueblo, "Vosotros no podéis servir a Jehová, porque... él es un Dios celoso; no perdonará vuestros... pecados" (Jos. 24:19). No podéis servir al Dios verdadero mientras no tengáis una idea correcta de Él. Os imagináis un Dios hecho de toda misericordia, como si no tuviera justicia ni rectitud para pediros cuenta de vuestros pecados, y así no hacéis sino adorar a un ídolo, formado en vuestra propia imaginación en lugar del Dios verdadero. Y si la cosa se sopesa debidamente, parecerá también idolatría someterse y reconocer la autoridad soberana de una criatura al designar leyes para el culto o postrarse ante un dios o ídolo imaginario. Formado en nuestra propia fantasía, como inclinarse y adorar una imagen esculpida o la cepa de un árbol.

Ahora, por lo tanto, puedes llegar a ver a la vez la naturaleza de este segundo tipo de idolatría y también su origen. [No es otra cosa que el corazón orgulloso y carnal de los hombres, que no queriendo contenerse dentro de los límites de la Palabra, donde se excluye una forma de adoración sencilla, simple y espiritual, se inventa nuevos ritos, ceremonias y formas de adorar a Dios más adecuadas y agradables a la carne. Y por eso la idolatría es considerada en la Escritura como una obra de la carne (Gál 5:20), porque el hombre naturalmente, teniendo un corazón orgulloso y una imaginación operante, que depende del sentido, y no elevada y rectificada por la fe, primero se forma para sí mismo concepciones y nociones carnales de Dios, y luego inventa una forma de adoración adecuada a esas nociones de Él. De modo que, como bien se observa: "Esta es la fuente y el principio de todo error, que los hombres piensan que lo que les agrada a ellos, necesariamente debe agradar a Dios; y lo que les desagrada a ellos también le desagrada a Él". De modo que este mocoso, la idolatría, se engendra entre un corazón orgulloso y carnal y el diablo; quien, como no puede atraer a los hombres a la primera clase de idolatría, se esfuerza todo lo que puede por enredarlos y contaminarlos con ésta, y esto en parte por malicia hacia Dios, sabiendo cuán caro es para mí su culto, y en parte por el designio de arruinar a quienes pueda atraer a él. Porque sabe que sus penas se multiplicarán, y Dios rara vez lo deja escapar sin algún golpe notable (Sal. 16:4).

En su conjunto, pues, se ve claramente, el culto puede ser correcto en cuanto a su objeto, y sin embargo idólatra con respecto a la forma, porque la asunción del poder despótico en este caso, no sólo es un desprecio de que ... la Ley real, pero un pedazo de traición contra Jesucristo, como puede ser cometido por una criatura ...

La institución de cualquier, aunque sea la más pequeña parte del culto, en y por nuestra propia autoridad sin la garantía de las Escrituras, lo hace idólatra tanto como si adoráramos a un ídolo... De modo que si el culto que rindes a Dios está corrompido por una mezcla de meros ritos y ceremonias humanos, doctrinales y simbólicos, que Dios no ha establecido en Su culto por la Palabra, aunque tu culto sea correcto en cuanto al objeto, es idólatra en cuanto a la forma. Aquí debéis ser aconsejados y cuidadosos, porque estáis en un punto delicado...

Y cada parte del culto instituido por Dios depende enteramente de su propia voluntad y desagrado soberanos. De modo que ningún hombre puede designar parte alguna de él, sino sólo Dios, puesto que nadie sabe lo que será aceptable a Dios, sino Dios mismo. Lo que es muy estimado entre mí, en abominación es a Dios (Luc. 16:15)...

La voluntad de Dios, que es el fundamento y la regla de Su culto, sólo se nos revela en las Escrituras; de donde se desprende que, en el culto, todos los hombres están obligados a seguir de cerca la Palabra.....

Así pues, podéis ver la puerta por la que entra la superstición, incluso la adición de cosas nuevas y no mandadas. Cuando inventamos nuevos ritos y ceremonias, y los introducimos en el culto de Dios, con un significado y uso espiritual, esto es superstición; siendo... algo por encima y más allá de lo que Dios designa y requiere. Y así como toda el agua del Tíber no puede lavar a los papistas de la inmundicia de su idolatría y superstición, en su misa, altares, sobrepelliz, cruz, etc., así tampoco nada fuera de la sangre de Jesús puede *limpiarnos* de lo mismo. Si morimos como ellos.

(De "Antipharmacum Saluberrimum: or A Serious and Seasonable Caveat to All the Saints in This I lour of Temptation", en *The Works of John Flavel*, vol. IV, The Banner of Truth Trust).

Quiero incluir aquí mi propia creencia de que la relación personal que Dios desea con la humanidad es la del matrimonio. La creación sistemática de la humanidad se establece con una familia y un núcleo familiar. Este concepto será discutido más adelante en este texto.

11

Los Recién Licenciados Reflejan Sus Logros

La idolatría es el tema más difícil que enfrentaremos en nuestras vidas, fuera de la redención que recibimos de nuestro Señor Jesucristo como nuestro salvador.

Ya estamos en mayo de 2018 y las gemelas se gradúan de la universidad. Hay tantos recuerdos maravillosos asociados a nuestras primeras niñas. Parece casi que fue ayer cuando Brenda corría por la sala de espera del hospital casi gritando: "¡Tenemos gemelas! Tenemos gemelas". Su entusiasmo era contagioso. Todos los presentes animaban a nuestra familia y a nuestros primeros nietos como si hubiéramos ganado un título nacional o celebrado un acontecimiento importante. En un sentido muy real, acabábamos de hacerlo. Se coló en la zona de recién nacidos y convenció a la enfermera de turno para que nos dejara mecer a los bebés. Hay pocas cosas en este mundo más satisfactorias que mecer a un nieto recién nacido. El regalo de Dios de los nietos se sitúa en lo más alto de la escala de la felicidad y nunca disminuye. Y a medida que aparecen más regalos de nietos del cielo, también pasan a ocupar el primer lugar de la escala de felicidad y permanecen allí. El amor de los abuelos por sus nietos sigue creciendo, y lo contrario también suele ser cierto. La intención de Dios es que la humanidad funcione como un núcleo familiar, es decir, una unidad familiar. Sostengo que Dios quiere estar en relación con cada unidad familiar y con cada hombre o cada equipo de marido y mujer y funcionar como una familia. En consecuencia, también debemos estar casados con Dios en nuestra relación con Él. Las niñas nacieron en Kennesaw, Georgia, pero se mudaron al área de Columbia cuando estaban entrando a la escuela intermedia. Se quedaron, temporalmente, con nosotros en la casa del lago hasta que Kelvin pudo encontrar una casa en la zona. Todos recuerdos divertidos.

Ambas familias son grandes fans de los Gamecock y adoran la vida recreativa del lago Murray. Así que ahora Hannah se gradúa como un Gamecock de la Universidad de Carolina del Sur. Verdaderamente un momento feliz. Hannah es siempre una persona amable y ama a los animales a medida que crece, y le gustan las actividades de marimacho al aire libre. Ambas niñas disfrutan de viajes de acampada con su padre a regiones remotas con mucha regularidad. Kelvin es un entusiasta de las actividades al aire libre.

La ceremonia de graduación de Hannah es encantadora, ya que recibe su licenciatura en nutrición, y tiene lugar en el nuevo e impresionante estadio de baloncesto. Se hacen muchas fotos excelentes y se ven grandes sonrisas por todas partes. Por la noche se celebra una fantástica fiesta de graduación con un excelente menú, a la que asiste la familia y algunos amigos íntimos de Hannah. Aunque me gusta quedarme unos días en la zona, no hay tiempo que perder. Skye se gradúa dentro de dos días en la Universidad Emory de Atlanta. La Universidad de Emory está en la lujosa zona de Buckhead, en Atlanta, donde la arquitectura y el paisajismo presentan vistas embellecedoras. Los árboles parecen tan perfectos que sugiero que son artificiales. Pregunto a los taxistas y a los empleados de los hoteles si alguna vez han visto hojas en el suelo de la zona. Las respuestas son todas las mismas: "Buena pregunta", lo que confirma que la vegetación podría ser artificial. En cualquier caso, la zona es visualmente atractiva. Los restaurantes y lugares de actividad de i\lost se pueden visitar a pie desde el campus y los hoteles. Desayunamos en Buttermilk Kitchen, que resulta ser un restaurante fabuloso. Y paseamos por la zona sintiéndonos muy agradecidos. Emory celebra dos ceremonias de graduación. La primera se celebra en una gran iglesia del campus para honrar a los estudiantes que demuestran una gran excelencia. Skye recibe cinco premios al mérito. También compite en gimnasia universitaria en la Universidad de Emory.

De niña, Skye ejercía una influencia tranquilizadora cuando el alboroto familiar interrumpía la paz. También es una niña muy decidida y se enfada notablemente si hay algo que no puede hacer y que quiere conseguir. Se hacen fotos para el recuerdo y el día es de gran celebración. Esa noche cenamos en un restaurante excepcional. La graduación total se lleva a cabo en un estadio al aire libre al que es casi imposible llegar. Skye recibe su licenciatura en neurociencia, pero Wilma y yo no podemos asistir. Las carreteras que rodean el campus de Emory no tienen capacidad suficiente para albergar a la multitud de graduados y sus familias. Esperamos una hora y media en una casa predeterminada fuera del campus, pero decidimos marcharnos cuando Kelvin nos dice que puede que hagan falta otro par de horas. De camino a casa, rememoro a las gemelas y partes de su vida que recuerdo. Cuando las niñas vivían en la casa, las ayudaba a hacer los deberes, sobre todo a Hannah, y fue divertido para mí durante el poco tiempo que vivieron aquí. Sus cumpleaños son siempre grandes acontecimientos en los que Kelvin alquila toboganes y contrata payasos, magos o alguna actividad fascinante para los niños de Atlanta. Tuvimos muchos paseos en barco y cruceros al atardecer, junto con viajes de pesca de rayas y visitas al lago de amigos cercanos. Normalmente, las clases de baile o de piano y cosas por el estilo completan las actividades de primera hora de la tarde. Siempre hay mucha gente.

Según Wikipedia, la Universidad de Emory es una universidad privada de investigación situada en Atlanta, Georgia. Fundada en 1836 como Emory College por la Iglesia Episcopal Metodista y bautizada en honor del obispo metodista John Emory, Emory es la segunda institución privada de enseñanza superior más antigua de Georgia. Sólo tiene una tasa de aceptación del 13% y es una de las universidades preferidas por quienes se dedican al campo médico-científico. Está situada al lado de los Centros de Control de Enfermedades (CDC) de Estados Unidos. La mayoría de los estudiantes de Emory buscan oportunidades educativas y carreras superiores. Skye ha sido aceptada en el programa de doctorado de Yale y ha obtenido una beca. Hannah ha decidido cursar un máster en nutrición. Estoy espiritualmente reconocido y muy agradecido por sus logros.

EN CASA

Bueno, ya casi estamos en casa después de un largo y agotador viaje desde Atlanta, pero qué maravilloso y mágico ha sido este último fin de semana. Estoy tan orgullosa de las chicas que apenas puedo contenerme. Después de una noche de descanso, Wilma se queja de dolor en el hombro derecho. Lleva un tiempo con este problema, así que visita a un traumatólogo para que le ponga inyecciones periódicas de esteroides que le permitan usar el brazo casi con normalidad. El cirujano le advierte de que las inyecciones de esteroides son demasiado frecuentes y le recomienda encarecidamente que se opere. Ella y yo pensamos que la operación no sería un gran problema y que la recuperación duraría menos de tres semanas. Sin embargo, inesperadamente, el cirujano tiene que reparar una rotura completa del manguito de los rotadores.

Ayudo a Wilma en todo lo posible con dispositivos para el dolor, sabiendo que el tiempo de recuperación será largo. Responde muy bien al tratamiento con fisioterapia y se mantiene diligente con los ejercicios recomendados en casa y, en menos de un mes, Wilma reanuda la mayoría de sus actividades habituales. Kelvin y Stenny vienen de visita a mediados de junio.

Kelvin ha alquilado un barco con guía para pasar un agradable día en el agua entre Amelia Island y Cumberland Island. La distancia entre las dos islas barrera es de aproximadamente ocho millas. Cumberland Island es la isla barrera de Georgia situada más al sureste y es famosa por muchos motivos, entre ellos las ruinas iniciales de Dungeness, una mansión propiedad de Thomas Carnegie. La mayor parte está designada como zona nacional preservada (parque) propiedad de Estados Unidos. Incluso la playa está designada como orilla del mar nacional. A medida que nos acercamos a la isla de Cumberland, podemos ver varios caballos salvajes alrededor de la costa. Los caballos son asilvestrados, ya que viven abiertos y libres sin control humano. Los visitantes son bienvenidos a la isla y se les permite llevar bicicletas; sin embargo, no se permite el transporte motorizado. Está permitido acampar, pero los campistas deben llevarse toda la basura que acumulen durante su visita. Además de los aproximadamente 150 caballos salvajes que alberga la isla, hay unas trescientas especies de aves, reptiles, tortugas bobas, caimanes y armadillos. Es uno de los pocos lugares vírgenes que quedan en Estados Unidos. También tiene una Primera Iglesia Bautista Africana, así como un hotel de cuatro estrellas llamado Greyfield Inn. He recorrido la isla dos veces y compruebo que es una larga caminata de al menos siete millas en el mejor de los casos. Decidimos quedarnos en el barco y dejar que el guía nos ponga al día.

La mayoría de los estadounidenses mayores de doce años recuerdan el asesinato y el funeral de JFK. Al ver el funeral, destacan los recuerdos del pequeño John saludando el féretro de su padre al paso del coche de caballos. Resulta que ese mismo pequeño John se casó con Carolyn Bessette en una ceremonia muy privada en Cumberland Island en 1996. Los lugareños de la zona, incluido todo el personal de servicio, tuvieron que firmar un acuerdo de confidencialidad antes de la boda. Los novios se casaron en la pequeña First African Baptist Church, y a continuación se celebró una recepción en el Greyfield Inn. La comitiva de amigos y familiares se limitó a treinta y cinco personas. Si alguna vez se encuentra en la zona y dispone de tiempo, le recomendamos que visite esta isla virgen. El Greyfield Inn no tiene Wi-Fi ni televisión, pero la comida es deliciosa y la experiencia merece la pena al cien por cien.

A sólo ocho millas de distancia se encuentra la comercialmente floreciente zona de vacaciones de Amelia Island. Si usted no es capaz de reconocer la revelación natural de Dios aquí, entonces estoy orando por usted. El área entre las islas ha sido dragada para dar cabida a los submarinos que viajan hacia y desde Kings Bay. Los espigones de roca se extienden más de tres millas desde cada isla para evitar que el cieno llene el canal. Ha sido un día maravilloso navegar por esta zona del canal. Muchas gracias, Kelvin.

Ya estamos casi otra vez a 4 de julio y el verano ha llegado a Amelia Island. Todos disfrutan de la celebración del Día de la Independencia en el Ritz-Carlton situado en Fernandina Beach. Maravillosas tapas y un par de bebidas ayudan a generar un ambiente muy festivo. El espectáculo de fuegos artificiales de 2018 es nada menos que de clase mundial y un esfuerzo tradicional del Ritz. De pie en el lado de la playa, viendo el espectáculo de fuegos artificiales, podemos ver múltiples despliegues arriba y abajo de la playa, verdaderamente una escena mágica. Los fuegos artificiales duran más de hora y media y este año son realmente espectaculares. El espectáculo en sí es gratuito, y el servicio de aparcacoches es gratis, un regalo muy bonito para los habitantes de Amelia Island por parte de la empresa Ritz-Carlton. El resto del verano es agradable, ya que el hombro de Wilma sigue curándose. Las relaciones conyugales son agradables y consideradas, la participación en la iglesia continúa a un alto nivel, y la vida se siente excepcionalmente ideal. Las sesiones misioneras de los miércoles por la noche con la gente de Selfree son uno de los momentos culminantes de la semana. Pocas experiencias se pueden comparar con la creencia de que puedes estar ayudando a alguien a salir del fondo, por así decirlo, y a reconstruir una vida, formando unos cimientos sólidos. Los hombres que participan en este programa han tomado la decisión de reformar sus vidas para pasar de la autodestrucción a la verdadera hombría, estudiando la Biblia y aprendiendo a apoyarse en Dios. El compañerismo cristiano con otros en una situación similar produce resultados maravillosos.

Wilma vuelve a elegir pasar Acción de Gracias con su familia, así que viajo a Myrtle Reach esperando otro acontecimiento impresionante. Kelvin y Stenny no decepcionan. El banquete es increíble, y la escala de felicidad es muy alta, ya que todos parecemos disfrutar tanto estando unos con otros en este momento culminante del año. El maratón de trote del pavo se ha convertido casi en una tradición familiar. Es curioso, de alguna manera siempre parece ser un Día de Acción de Gracias frío y ventoso durante este concurso. Las conversaciones familiares son muy edificantes, al escuchar tanto todos los progresos del año pasado como todas las expectativas de los años venideros. No se trata de orgullo propio, sino de auténtica gratitud por los dones que han recibido los jóvenes.

He establecido de 5:00 p.m. a 6:00 p.m. como mi nueva hora feliz en la que, cuando estoy solo, expreso audiblemente mi gratitud a Dios por lo afortunado que he sido en la vida. Esto no significa que deje de *caminar en el espíritu* o que sustituya los devocionales matutinos. Es ese tiempo a solas en el que sientes que puedes hablar con Dios. Me parecen unos momentos muy refrescantes, impregnados de humildad y confesión. Es un hábito agradable y gratificante que permite que tu mente se libere y considere lo que es realmente importante para ti. Hay interrupciones, así que no puedo hacerlo todos los días, pero sin duda es una prioridad.

12

Seguir Viajando en Familia: la Felicidad

Bueno, el año 2018 está a punto de terminar, y tenemos la casa decorada, gracias a Wilma. Sus hermanos y sus familias vienen esta noche de Navidad para su celebración anual, tradicional. Es la primera vez en Fernandina Beach para muchos de ellos. Todos parecen muy impresionados con la casa, y yo soy el blanco de muchas bromas desenfadadas de "hombre rico". No creo que todo el mundo se lo haya pasado tan bien como hubiera podido porque estaban preocupados por no perder de vista a los niños, a los que normalmente dejan ir y deambular por donde quieren, y la preocupación por los desperfectos supera el ambiente relajado. No obstante, todo el mundo está muy alegre, y hay unos cuantos que han pasado la noche. Yo califico la fiesta de éxito, aunque en realidad sólo la hacemos una vez.

2019 ha comenzado, y el hombro de Wilma está mejorando, así que estamos listos para planear otro viaje, aunque sea corto. Hay una exposición de arte impresionista anunciada en Savannah este primer fin de semana de finales de enero. Wilma declara que va a ir a la exposición de arte, y yo le digo: "¿Puedo ir yo también?". Tras evitar el pequeño alboroto, emprendemos el viaje de dos horas a Savannah con cierta expectación. La ciudad tiene una pésima reputación como centro de delincuencia, aunque las autoridades han logrado limitar los delitos dentro de la principal zona turística histórica. Savannah presenta una historia deliciosamente colorida, que demuestra que el estado de Georgia es mucho más que Atlanta. Recuerda en cierto modo a Nueva Orleans, salvo que es más limpia y con temperaturas más moderadas.

La celebración del Día de San Patricio aquí está clasificada justo detrás de Nueva York y Chicago como una celebración deseable, divertida y magnética. El gobierno local anuncia que el desfile de San Patricio de Savannah es uno de los mayores de Estados Unidos, justo detrás de los de Nueva York y Chicago. Compuesto por la herencia irlandesa, maravillosas bandas de música, bailarines tradicionales y elaboradas carrozas, la gente viene a Savannah de todas partes del mundo para participar en nuestro desfile local. Locales y visitantes esperan con impaciencia el desfile durante todo el año, ya que es el mayor acontecimiento de Savannah. Es tan famoso que los asistentes acampan a lo largo de la ruta del desfile para asegurarse las mejores vistas.

El sitio web Explore Georgia anuncia: "Puedes ser irlandés por un día en el Día de San Patricio en Savannah, aunque no procedas de la Isla Esmeralda". Savannah organiza el segundo mayor desfile de San Patricio en Estados Unidos, con bandas y grupos musicales de todo el país. Lo que empezó como una celebración privada del Día de San Patricio por la Sociedad Hiberniana de Savannah en 1813 es ahora un desfile de tres a cuatro horas que atrae a cuatrocientos mil visitantes de todo el mundo. Pero la diversión no se limita a un desfile. Savannah también acoge durante varios días la mayor fiesta de San Patricio del Sur. En Savannah hay que madrugar, ya que la emoción comienza muy pronto. Las festividades comienzan con el "Greening of the Fountain" en Forsyth Park, en el distrito histórico, donde el agua se tiñe de verde y fluye por la boca de las estatuas hasta después del desfile de San Patricio. Los juerguistas disfrutan del animado ambiente que se respira en toda la ciudad, con música en directo (celta y de otros estilos) y buena comida y bebida en restaurantes y bares. Todos lo pasan bien y la reputación de Savannah se mantiene intacta.

Hoy nos dirigimos a la exposición de arte impresionista del Museo

Telfair. Aparentemente habrá obras de Claude Monet. No distinguiría una forma de arte de otra a menos que me dijeran de qué se trata. Lo he leído en alguna parte, pero en este caso parece muy interesante. La obra de pintores como Claude Monet y Augustine Renoir supuso un cambio significativo respecto a las convenciones del arte francés del siglo XIX. El estilo es ahora muy conocido y asombra a la gente en las carreras de arte y esto creó un acontecimiento innovador. La idea del impresionismo es captar la impresión inmediata del artista sobre los efectos de la iluminación atmosférica. Esto es importante porque los artistas anteriores a esta época, de estilo neoclásico o romano, creaban sus imágenes con un aspecto limpio y una apariencia acabada. En cambio, el Impresionismo se parece más a un pintor académico. Parece un boceto preliminar que podría utilizarse más tarde para un producto acabado. Las pinceladas cortas de los artistas ofrecen un color sin mezclas y una representación precisa de la luz natural (de masterclass). Según mi propia observación, los cuadros impresionistas parecen listos para moverse o parecen ya en movimiento, y sus colores son más naturales.

En realidad, sólo vimos un cuadro de Claude Monet en la exposición, pero hay innumerables cuadros de otros que son maravillosamente impresionantes. Doy gracias a Dios por habernos permitido asistir con seguridad a este acontecimiento.

También quiero observar la estatua de la "Chica Pájaro" de la película *Medianoche en el Jardín del Bien y del Mal*. Recorremos el cementerio de San Buenaventura, pero la estatua de la Chica Pájaro había sido trasladada al Museo Telfair. Entre los cementerios, el de San Buenaventura tiene un gran fandom. Uno de los más famosos es Johnny Mercer (de noviembre de 1908 a junio de 1976), el compositor que ayudó a fundar Capitol Records. Una de sus canciones, "Autumn Leaves", es una de mis favoritas. En mi memoria, fue uno de los compositores más populares del siglo XX. El primer gobernador de Georgia, Edwin Telfair, también está enterrado en San Buenaventura. El lugar es único, con una arquitectura excelente y bellas escenas por todas partes. Está junto a un río y, cuando lo ves, piensas que es un buen lugar para que las parejas de novios hablen en privado y disfruten de su mutua compañía.

Volvemos al museo para ver a la Chica Pájaro y tomar varias fotos de recuerdo. Nos alojamos en el Hilton, en River Street, donde apenas se ve el río. Es divertido, y por las mañanas, la Dama de Savannah y un personaje de Forrest Gump nos saludan en la mesa del desayuno. Todo ello se suma al encanto que uno siempre espera de Savannah. El viaje de vuelta a casa es fácil, y Katie siempre se alegra de vernos y quiere que le contemos todo sobre el viaje. En realidad, no; sólo quiere jugar, como siempre. Dos amigas de Wilma vienen a pasar unos días desde San Petersburgo, Florida. A finales de mes, Wilma gana la exposición floral de Fernandina Beach con la mejor planta. De hecho, gana dos premios en esta espectacular presentación hortícola inicial en Fernandina Beach. Nunca dejamos de movernos, ¿y quién quiere hacerlo? Pascua aquí es siempre divertido con rivalidades en nuestros juegos familiares, la piscina, y todas las demás actividades disponibles. Algunos de mis familiares siempre nos visitan en Semana Santa, lo que aumenta la alegría de la ocasión.

Ya estamos en junio y nuestro primer nieto varón, Patrick, está a punto de graduarse en el instituto. Esperamos con impaciencia este viaje a Nueva Inglaterra, sobre todo Wilma, que nunca ha estado allí. Nuestro hotel es el Omni de New Haven, Connecticut, justo enfrente de Skye y su prometido, Paul. Los viajes a Nueva Inglaterra son especialmente maravillosos en el mes de junio, ya que el follaje está en su apogeo y las flores son preciosas. Nuestra habitación también está al lado del campus de la Universidad de Yale. New Haven es especialmente bonita, con sus numerosas iglesias y su fascinante arquitectura. Parece sacada de una postal navideña. Susan nos ha traído amablemente desde el aeropuerto de Hartford, Connecticut. Hemos desayunado en lo alto del Omni, en el magnífico comedor. Paseamos libremente por la zona cercana al hotel, pero nos han advertido de la posibilidad de que haya carteristas y ladrones cerca. Parece que acabamos de desayunar cuando Patrick nos recoge para llevarnos a comer a un bonito puerto deportivo cercano.

Me paso la tarde rememorando algunos de mis recuerdos de Patrick mientras crecía. Mi difunta esposa, Brenda, y yo no solíamos tener buen acceso a Patrick a menos que estuviera de visita en Florida. Recuerdo que una de las primeras cosas que hicimos fue montar en un cortacésped, y a Patrick le encantó. Otro recuerdo fue llevar a Patrick al cine cuando tenía casi tres años. Estaba dispuesto a ir hasta que subimos al camión y le abrocharon el cinturón de seguridad. Empezó a oponerse al viaje y su descontento se convirtió en una gran rabieta. Me negué a ceder ante la rabieta y continué hacia la película. Unos minutos más de gritos fueron seguidos de silencio y suaves ronquidos. Nos compré a los dos una hamburguesa en el autoservicio y esperé a que Patrick abriera los ojos, cosa que hizo en breve. "Lo siento, papá. Te quiero", fue lo primero que dijo, y desde entonces Patrick y yo estamos muy unidos.

El siguiente grato recuerdo es sobre la pesca en el lago Murray, en Carolina del Sur, en mi casa. Había peces pequeños alrededor del muelle casi todo el tiempo. Cuando Patrick por fin pescó uno después de insistir un poco, se volvió hacia mí y me dijo: "Ahora soy un niño grande". Esa historia todavía me hace llorar de vez en cuando. Cuando Brenda y yo nos mudamos a Fernandina Beach, Patrick siempre quiso pescar en el océano. Un gran recuerdo. En uno de los viajes de Susan hasta aquí, tuvimos la suerte de ver a Patrick dar su primer paseo con éxito en bicicleta de dos ruedas. Estas fueron siempre grandes recompensas para mí, como ver a Kelvin crecer de nuevo. El béisbol AAU tiene que ser el mayor logro atlético de Patrick hasta ahora. No puedo expresar mi nivel de felicidad viajando a diferentes sedes, viéndole jugar y viendo a su equipo ganarlo todo, por así decirlo. Sólo con observar uno de sus lanzamientos y la forma en que se movía justo antes de cruzar el plato era fácil ver el potencial que tiene.

Wilma y yo encontramos un bonito restaurante en el campus de Yale, cerca del museo. Pasamos la mañana recorriendo las diferentes plantas del museo en busca de su elegante singularidad y su historia. Algunas de las obras de arte se asemejan a los primeros inventos de EE UU. Es un rato divertido, algo que no se hace todos los días. Esta noche cenaremos en New Haven con Skye y Paul, y Susan y Stan se unirán a nosotros un poco más tarde. Mañana es el gran día de la graduación de Patrick en el instituto.

¡Qué hermoso día para una graduación! Comenzamos el día en la escuela primaria de Grace, donde se graduará de sexto grado a la escuela intermedia. Es un gran logro para ella, y está tan emocionada como Patrick por graduarse en el instituto. Es un evento encantador y muy organizado para los orgullosos padres y familiares. Cada vez que la veo parece más grande y más adulta.

Herc estamos, todos reunidos para el gran momento de Patrick. Le ha ido muy bien en la escuela, tanto en los estudios como en los deportes. El béisbol ha sido su amor, ocupando la mayor parte de su tiempo libre. Su padre, y mi yerno, Stan, es el entrenador de baloncesto de Hamden Academy y se le ha concedido el honor de presentar Patrick con su diploma de escuela secundaria. Un momento precioso. Patrick tiene una gran actitud de trabajo y un alto sentido de la bondad que le ayudarán a conseguir muchas oportunidades en este mundo. Yo, Mark, estoy muy orgulloso de sus logros. Justo después de graduarse, nos enteramos de que Patrick ha conseguido una beca de béisbol en la Universidad de Manhattan, en Nueva York. Vaya, qué logro. Estoy tan feliz de que todos en la familia estuvieran aquí para presenciar esta celebración y coleccionar estos maravillosos recuerdos.

Susan y Stan han preparado un elaborado espectáculo de graduación en el patio de su casa. Asisten familiares y amigos, así como algunos jugadores destacados de la NBA. El ambiente es electrizante. El plato fuerte de la cena es un camión de comida contratado que prepara pizzas individuales especializadas para todos los invitados, mientras que las bebidas y la comida de mano se reparten por las terrazas y el interior de la casa. Es sin duda una de las mejores fiestas que he vivido. Skye trajo a su perro pastor australiano, muy atlético, al que le encanta jugar al frisbee en el gran patio trasero. También forman parte de la celebración muchos otros juegos divertidos para toda la familia.

Al día siguiente, volvemos a casa con las maletas llenas de recuerdos. Dios, ¡qué suerte tengo de pertenecer a esta familia!

13

Visitar el Centro Billy Graham Durante la Hermosa Temporada de Feria

Después de la graduación de Patrick, ciertamente hemos tenido un verano muy tranquilo y fácil aquí en Fernandina Beach. Susan visita a finales de septiembre, principalmente para tomar un descanso de su horario, y está cerca de su cumpleaños, así que podemos celebrar ese evento.

Mediados de octubre, mi mes favorito, se nos echa encima muy deprisa. Sin embargo, estamos listos para disfrutar de otro espectáculo otoñal en el oeste de Carolina del Norte. Llegamos a un bed and breakfast de Hendersonville a última hora de la tarde, esperando un lugar fabuloso. Tras localizar a la señora encargada, arrastramos nuestro equipaje tres pisos hasta una habitación llena de polvo que parece un recuerdo cerrado, donde alguien debe de haber fallecido. Ducharse promete ser un acontecimiento acrobático. Estamos decepcionados pero prometemos encontrarnos con una pareja que vemos registrándose para tomar una cena ligera. Nos dicen que las habitaciones de la segunda planta son mucho mejores.

El desayuno cambia la consternación de la habitación. Los huevos son, sin duda, el mejor sabor que he experimentado aquí. Las tortitas y la salchicha están más que buenas, y la mantequilla es como un sueño. Dos tazas de café y una agradable conversación nos preparan para este maravilloso día. El lugar previsto para el día es el Centro de Formación Billy Graham, cerca de Asheville, en un lugar llamado The Cove. Es un corto trayecto en coche hasta el Cove mientras se aprecia el despliegue desenfrenado de las obras artísticas de Dios a nuestro alrededor.

Bueno, aquí estamos en 1 Porters Cove Road en Asheville, Carolina del Norte. La publicidad aquí indica que el Centro de Formación Billy Graham es un centro de conferencias cristiano y un retiro tranquilo, y definitivamente no es exagerado. Un caballero muy agradable nos saluda y nos invita a inscribirnos en el registro. Nos revela que será nuestro guía durante el día y que estará encantado de responder a cualquier pregunta que podamos tener con respecto a la organización Billy Graham. También menciona que es un pastor bautista jubilado con más de treinta años en el púlpito. Estamos impresionados y nos sentimos agradecidos por este guía. Comenzamos la visita en la Capilla Conmemorativa y Centro de Visitantes Chatlos. Dentro, vemos primero una exposición pictórica de algunas de las cruzadas de Billy Graham, conocido como el *embajador de Dios por todo el mundo*. También vemos su famoso podio que utilizaba en cada una de sus cruzadas o charlas. Wilma sugiere una foto mía detrás del podio, a lo que me niego, comentando que no soy tan bueno como Billy Graham.

En el recorrido también vemos el Jardín de Oración de Ruth, diseñado para ofrecer un lugar tranquilo para la oración y la meditación en medio de la belleza natural y la serenidad de la Ensenada. Es un acre y medio con más de ochenta tipos de plantas de jardín y grandes extensiones de arbustos de bosque. Azaleas, hortensias, rododendros, laureles de montaña y cornejos presentan los colores de principios de primavera, mientras que lirios, margaritas y rosas mantienen los meses de verano. En esta época del año, el jardín se llena de color. En el interior de la Cala hay una sala de recuerdos donde se encuentra el podio y muchos de los actos de las cruzadas de Billy Graham.

Billy Graham señala: "La mayor necesidad del mundo es la transformación de la naturaleza humana. Necesitamos un corazón nuevo que no tenga lujuria, codicia ni odio. Necesitamos un corazón lleno de amor, paz y alegría, y para eso vino Jesús al mundo. El murio en la cruz para hacer la paz entre nosotros y Dios y cambiarnos desde dentro de su espiritu. Él puede cambiarte a ti si te vuelves a él con arrepentimiento y fe".

> En el exterior, a la entrada del edificio, hay una placa de piedra que dice, He aquí que yo levadura y la levadura de las levaduras no pueden contenerte. Yo bajo mucho menos esta casa que he edificado.
>
> 2 Crónicas 2:6

El centro de formación mantiene una agenda de eventos en la que tienen lugar oradores cristianos de renombre, conciertos, actos pastorales e incluso retiros militares. The Cove es un centro cristiano de conferencias y retiros de 1.200 acres. Nuestro día aquí ha sido nada menos que increíble. Por ello, se lo recomiendo encarecidamente a todo el mundo e insto encarecidamente a que se hagan preguntas en esta época de la historia. Si puede venir en octubre, ¡mejor aún!

Mientras abandonamos la cala a regañadientes, Marc sugiere participar en el festival de la manzana de otoño de Carolina del Norte. Hay un auténtico festival de la manzana que se celebra en la ciudad de Hendersonville durante el fin de semana del Día del Trabajo, de cuatro días de duración. En estas pequeñas carreteras rurales, el festival atrae cada año a casi 250.000 asistentes. Hendersonville se enorgullece de ser la capital de la manzana de Carolina del Norte. El impacto económico del propio festival es muy saludable. La temporada de la manzana se extiende desde septiembre hasta finales de noviembre. A medida que avanzamos por la autopista 25, los manzanares privados se extienden a lo largo de varios kilómetros. Nos detendremos en mi huerto favorito, Grandad's, que también ofrece actividades para niños con aspecto de granja y excelentes montajes fotográficos (atrezzo), y prepara el mejor pastel de manzana que jamás haya probado. Volver a parar en Grandad's es una experiencia única.

Continuamos el hermoso desfile de hojas, conduciendo hacia Waynesville mientras el sol comienza a ponerse. Nadie puede pintar un cuadro tan bien como Dios, y nos recordamos continuamente lo agradecidos que estamos por poder experimentar estas revelaciones. Por eso viajamos. El viaje de vuelta a casa parece más fácil esta vez, y estoy ansioso por ver a mi perra, Katie. Me recibe con los brazos abiertos, por así decirlo, pero noto que sus caderas traseras se están debilitando, y a veces se desploma.

Entrar en el mes de noviembre significa que se acerca la celebración de Acción de Gracias. Este año es un poco más afortunado que otros, ya que el cumpleaños de la madre de Wilma es una semana antes de Acción de Gracias. Así que Wilma finalmente acepta la invitación a Myrtle Beach para pasar las fiestas. Kelvin y Stenny mantienen el buen festín culinario que todos disfrutamos cada año tradicional. Repito mi afirmación de que ésta es la mejor época del año y me maravillo ante el padre de Stenny, que tiene noventa y seis años y parece encontrarse en un estado extraordinario. Estamos listos para volver a casa y continuar con las fiestas. El estado de la cadera de Katie empeora, así que la llevo al veterinario, que sugiere que puede tener cáncer de huesos. Qué bajón y qué pesadez de espíritu para mí, pero como bien sé, la vida continúa. Ha comenzado un nuevo año (2020) y, con suerte, el hombro de Wilma está lo suficientemente fuerte como para reanudar los viajes internacionales este año. Una celebración celta nos lleva a Savannah para empezar el año con buen pie. Esta vez probamos un nuevo hotel, ya que está situado cerca de un restaurante favorito; la Casa Pirata está a sólo dos manzanas.

Hemos descubierto fortuitamente nuestro nuevo hotel favorito en Savannah con su divertidísimo jefe de asistentes de facturación. Se parece a una de las imágenes de un pomposo y agrandado caballero inglés, pero tiene un profundo acento del sur de Savannah. Tiene un comportamiento que suena nervioso y se abanica constantemente la cara para luego devolverse el abanico al bolsillo delantero, como Doc Holliday retapizando su pistola. Otros empleados del hotel le roban continuamente el abanico y se lo esconden al ayudante. Éste, a su vez, corre hacia los sospechosos con su gran barriga de pelota de playa, como venganza. Nos sentamos un rato a ver esta comedia de situación en directo y estamos bastante entretenidos.

En Savannah hay poco aparcamiento, sobre todo en el barrio que rodea este hotel. El asistente me explica voluntariamente cómo burlar el sistema y no pagar el aparcamiento de veinticuatro horas del hotel buscando un sitio en el barrio y utilizando el inusual sistema de parquímetros. Incluso ese gesto resulta cómico.

La siguiente parada es el cementerio de Bonaventure, de nuevo para asegurarnos de hacer una foto de la parcela del cementerio de Mercer y disfrutar de la preciosa arquitectura del lugar. En invierno, este lugar sigue siendo perfecto para que las parejas hagan un picnic o una barbacoa junto al río. Es extraño pretender que un cementerio sea un lugar acogedor, pero es encantador. Animaría a cualquiera que tenga tiempo y recursos a visitar este destino. Nos dirigimos a la celebración celta y pasamos la mayor parte del resto del día escuchando la animada música y rebuscando entre las diversas artesanías. La música irlandesa es tan divertida que pide a gritos un viaje a la mismísima Isla Esmeralda. El festival celta es un acontecimiento habitual en Savannah, al igual que muchas otras ocasiones muy conocidas aquí.

¿Quién puede olvidar la película *Forrest Gump* y cómo pasó de ser un joven desfavorecido, con aparatos en las piernas, a una estrella dominante del fútbol americano en la Universidad de Alabama? De niño se metían con él, pero sobresalía en todo lo que intentaba. La maravillosa actitud de bondad total ayudó a la película, rodada en Savannah, a ganar numerosos premios y a dar fama de bondadosa a la ciudad. El banco real que Tom Hanks utiliza mientras cuenta su historia se ha conservado en el Museo Telfair. La ciudad necesita esa buena reputación para superar algunos de los problemas de delincuencia que existen en ella.

En los meses cálidos, sentarse en un banco frente al mar es casi una experiencia religiosa. La hermosa música de artistas solistas llena el aire de sonidos de ensueño. La paz y la tranquilidad adormecen y ocultan el peligro que existe a partir de las diez de la noche. Es entonces cuando la reputación de la delincuencia en Savannah se convierte en una explosión. La mayoría de los vendedores locales le informarán ampliamente de las posibilidades de delincuencia y le aconsejarán que no esté solo a altas horas de la noche.

De vuelta al hotel, nos espera una buena comida de tapas, y la comedia del asistente continúa mientras él esté allí. Nos dirigimos de vuelta a casa, planeando volver en nuestro próximo momento conveniente.

Recojo a Katie de la perrera y el empleado la mete en el maletero de mi coche sin decir nada. En casa, abro la puerta del coche y Katie suele saltar. Como no se mueve, la levanto hasta el suelo y se le caen las dos patas traseras al suelo. Es incapaz de mantenerse en pie, y mucho menos de subir escalones (algo imprescindible en mi casa). Se desplaza por la casa boca abajo, tratando de ocultarme su estado. Llamo a la clínica veterinaria. Al llegar, sacan a Katie del coche y la pesan. Pesa treinta y dos libras en lugar de las sesenta y cinco normales. El veterinario sacude la cabeza y dice: "Síganme". Caminamos por un largo pasillo que no había visto antes, y empieza a oscurecerse a medida que avanzamos. Doblamos la esquina y hay una puerta con una luz muy brillante en los bordes. Mi amigo veterinario abre la puerta, y es como mirar al sol, y me dice que espere aquí. Vuelve a salir y me informa de que Katie tiene doce años y tiene que irse hoy. Se me saltan las lágrimas de asombro ante esta secuencia. Me abraza y me dice que estará bien. Le respondo que puede que ella esté bien, pero no estoy segura de mí misma.

Rezo constantemente mientras conduzco de vuelta a casa. Acabo de perder a mi mejor amiga, y me recuerda tanto a la noche en que murió Brenda, sintiendo como si toda mi vida se hubiera ido. Es difícil para mí ahora, sólo reconstruir esos acontecimientos. Le pido al Espíritu Santo consuelo y comprensión en esta dolorosa situación. He leído 1 Crónicas 29:11-12,

> Tuya es, Señor, la grandeza, el poder, la gloria, la victoria y la majestad, porque tuyo es todo lo que hay en los cielos y en la tierra. Tuyo es el Reino, Señor, y tú eres exaltado como cabeza por encima de todo.

Los próximos días, es difícil romper las rutinas normales asociadas con Katie. Echaré de menos a Katie durante el resto de mi vida, y no estoy preparada para sustituirla en este momento. Pero también sé que la vida continúa.

14

Mi Cumpleaños Durante Problemas de Pandemia

Vaya, 2020 no ha empezado muy bien. De todos modos, con una meseta de cumpleaños a la vuelta de la esquina, la esperanza sigue presente. El reconocimiento de la meseta se celebra en el restaurante Veranda, uno de mis favoritos. Esta vez, no sólo estoy bendecido con Susan, sino también con la hija de Wilma, y su reciente novio. La comida es deliciosa, como siempre, y todos compartimos un buen rato. Parte de la conversación incluye el rumor de los medios de comunicación de que una plaga ha estallado en China y se está extendiendo a algunos países europeos. Los portavoces del gobierno no expresan ninguna preocupación real por Estados Unidos, y la Organización Mundial de la Salud (OMS) no expresa ninguna amenaza. Esta es la situación a principios de marzo. Los CDC ni siquiera han comenzado a abordar una preocupación. Tres días más tarde, como un relámpago, la OMS declara que esta plaga es una pandemia mundial, observando que no existe vacuna para esta enfermedad en ningún lugar de la Tierra.

El gobierno federal detiene toda la inmigración procedente de China en la costa oeste y, posteriormente, detiene la inmigración de cualquier tipo en Estados Unidos. La enfermedad parece ser peor para las personas mayores de sesenta años, como lo demuestra el número de muertes. Las historias procedentes de Europa, especialmente de Italia, son trágicas. Los medios de comunicación echan gasolina al fuego del miedo y avivan el pánico con su máximo despliegue infernal. Las iglesias cierran, los restaurantes cambian a sólo comida para llevar, y las máscaras se convierten en un tema discutible, con expertos gubernamentales que no saben de qué lado están. Se ha creado un escenario perfecto para los políticos deshonestos. Si no lo supiéramos mejor, parece que la plaga se inició a propósito. Creo que tenemos que revisar nuestros cimientos y dar gracias de que hay alegría en el Señor.

En los testimonios del Nuevo Testamento, la alegría aparece como la marca característica que distingue a los cristianos. Es el resultado espontáneo de estar llenos del Espíritu Santo y figura entre los principales frutos del Espíritu Santo (Google). Creo que esta afirmación describe completamente la alegría en mi caso. En primer lugar, viene a través del Espíritu Santo. Personalmente he experimentado la alegría relajando completamente todos mis pensamientos, concentrándome en el Espíritu Santo, y luego pidiéndole al Espíritu Santo que por favor me sostenga. Esto me trae una sensación integrada de paz. Si mantengo esa postura, la sensación dentro de mi cuerpo se vuelve impecable. Mi conciencia es transformada por el espíritu central, y comprendo que el espíritu de Jesús controla mi vida, haciendo irrelevantes las distracciones malignas. Los dolores de la vejez desaparecen. Desearía ser personalmente lo suficientemente fuerte para mantener esta condición, pero no lo soy. Estoy tan agradecido por el don del Espíritu Santo y a mi amigo, Paul Rose, por ayudarme a alcanzar esta nueva comprensión.

¡Hoy hay alegría en la casa del Señor! Se adjuntan varios versículos bíblicos que describen la alegría con la intención de elevar a los desanimados y desilusionados de este mundo (Bible Lyfe). La Biblia nos instruye a "Regocijarnos en el Señor".

> Alegraos en el Señor siempre; repito, alegraos.
>
> Filipenses 4:4

Que el Dios de la esperanza, os llene de todo gozo y paz en el creer, para que por la fuerza del Espíritu Santo abundéis en esperanza.

Romanos 15:13

Pero el fruto del espíritu es amor, gozo, paz, paciencia, benignidad, bondad, fidelidad, mansedumbre y dominio propio; contra tales cosas no hay ley.

Gálatas 5:22-23

Hasta ahora no has pedido nada en mi nombre. Pedid y recibiréis, para que vuestro gozo sea completo.

Juan 16:24

Tú me haces conocer el camino de tu vida; en tu presencia hay plenitud de gozo; a tu diestra hay placeres para siempre.

Salmo 16:11

Porque el Reino de Dios no es cuestión de comer y beber, sino de justicia, paz y gozo en el Espíritu Santo.

Romanos 14:17

Aunque no lo has visto, lo amas. Aunque ahora no lo veáis, creéis en él y os alegráis con una alegría inefable y llena de gloria.

1 Pedro 1:8

Y les dijo: "Id, comed la grosura y bebed el vino dulce, y enviad porciones a quien no tenga nada preparado, porque este día es santo para nuestro Señor. Y no os entristezcáis, porque la alegría del Señor es vuestra fuerza".

Nehemías 8:10

Cuando las preocupaciones de mi corazón son muchas, tus consuelos alegran mi alma.

Salmo 94:19

Has convertido mi luto en danza; has desatado mi cilicio y me has llenado de alegría.

Salmo 30:11 (¡Me encanta!)

Pues nuestro corazón se alegra en él porque confiamos en su santo nombre.

Salmo 33:21

Tus palabras fueron halladas, y yo las comí, y tus palabras fueron para mí gozo y alegría de mi corazón, porque por tu nombre soy llamado, oh Señor, Dios de los ejércitos.

Jeremías 15:16

He puesto al Señor siempre delante de mí; porque él está a mi diestra. No seré sacudido; por eso se alegra mi corazón, y se regocija todo mi ser; Mi carne también habita segura.

Salmo 16:8-9

La alegría de Dios El esplendor y la majestad están ante él; la fuerza y la alegría están en su lugar.

1 Crónicas 16:27

El Señor, tu Dios, está en medio de ti, un poderoso que salvará; se alegrará por ti con júbilo; te tranquilizará con su amor; se regocijará por ti con grandes cánticos.

Sofonías 3:17

Así también os digo que hay alegría ante los ángeles de Dios por un pecador que se arrepiente.

Lucas 15:10

Su señor le dijo: "Bien, siervo bueno y fiel. Has sido fiel sobre poco; yo te pondré sobre mucho. Entra en el gozo de tu señor".

Mateo 25:21 (¡Gran respuesta!)

No tengo mayor alegría que oír que mis hijos andan en la verdad.

3 Juan 1:4

La Alegría de Obedecer

Personalmente conozco a varias personas que dicen ser buenos cristianos que creen que las leyes del Antiguo Testamento ya no son válidas. Los Diez Mandamientos son ciertamente las leyes morales bajo las cuales debemos vivir, tanto como ley de Dios como ley del hombre en la carne. Cuando hacemos referencia a Mateo 5:17 (NLT), Jesús dice: "No entiendan mal por qué he venido. No he venido a abolir la ley de Moisés ni los escritos de los profetas. No, he venido a cumplir su propósito. A decir verdad, hasta que desaparezcan el cielo y la tierra, no desaparecerá ni el más mínimo detalle de la ley de Dios hasta que se cumpla su propósito. 2519 Así que, si ignoráis el mandamiento más pequeño y enseñáis a otros a hacer lo mismo, seréis llamados los más pequeños en el Reino de los Cielos. Pero cualquiera que obedezca las leyes de Dios y las enseñe será llamado grande en el Reino de los Cielos" (Bible Lyfe).

Al obedecer los mandamientos de Dios experimentamos la alegría del Espíritu Santo. Si nos encontramos atrapados en la desesperación, intenta obedecer las instrucciones de la Biblia de amar a Dios y a los demás. Cuando obedecemos Su mandamiento de amarnos los unos a los otros, estamos esforzándonos por vivir de acuerdo con Su Palabra. Y qué maravillosa experiencia es cuando Él cumple su promesa de darnos alegría a través de la obediencia.

Si guardáis mis mandamientos, permaneceréis en mi amor, como yo he guardado los mandamientos de mi Padre y permanezco en su amor. Estas cosas os he hablado para que mi gozo esté en vosotros y vuestro gozo sea completo.

Juan 15:10-11

Hasta ahora no has pedido nada en mi nombre. Pedid y recibiréis, para que vuestro gozo sea completo.

Juan 16:24

Alégrense en la esperanza, sean pacientes en la tribulación, sean constantes en la oración.

Romanos 12:12

Así que, si hay algún aliento en Cristo, algún consuelo de amor, alguna participación en el Espíritu, algún afecto y simpatía, completad mi gozo siendo de la misma mente, teniendo el mismo amor, estando en pleno Acuerdo, y de una sola mente.

Filipenses 2:1-2

La Alegría de la Salvación

Y mi espíritu se regocija en Dios, mi salvador.

Lucas 1:47

Mis labios gritarán de alegría cuando te cante alabanzas; también mi alma, que tú has redimido.

Salmo 71:23

Y los rescatados del Señor volverán y vendrán a Sión con cánticos; el gozo eterno será sobre sus cabezas; obtendrán alegría y gozo, Y el suspiro y la tristeza huirán.

Isaías 35:10

En gran manera me regocijaré en el Señor; mi alma se exaltará en mi Dios, porque me ha vestido con vestiduras de salvación; me ha cubierto con el manto de la justicia, como una escoba ancha se engalana como un sacerdote con un tocado hermoso, y como una novia se adorna con joyas.

Isaías 61:10

Porque así nos lo ha mandado el Señor, diciendo: Te he puesto por LUZ de los gentiles, para que lleves la salvación hasta los confines de la tierra; y cuando los gentiles oyeron esto, comenzaron a alegrarse y a glorificar la palabra del Señor. Y creyeron todos los que estaban destinados a la vida eterna. (La buena noticia está aquí).

Hechos 13:47-48

C. S. Lewis declara que la alegría es el asunto serio del cielo. Podemos ver más pruebas de esa afirmación en las Escrituras:

Por lo tanto, ya que estamos rodeados de una multitud tan grande de testigos de la vida de fe, despojémonos de todo peso que nos frena, especialmente el pecado que tan fácilmente nos hace tropezar, y corramos con resistencia la carrera que Dios nos ha puesto por delante, lo hacemos manteniendo nuestros ojos en Jesús, el campeón que inicia-y perfecciona nuestra fe por la alegría que le espera, soportó la cruz, haciendo caso omiso de su vergüenza. Ahora está sentado en el lugar de honor junto al trono de Dios.

Hebreos 12:1-3

Patheos define la alegría en la Biblia: *La alegría* no es como la felicidad, que se basa en los acontecimientos o en si las cosas van bien o no. No, la alegría permanece incluso en medio del sufrimiento. La alegría no es felicidad. La alegría es una emoción que se adquiere por la anticipación, la adquisición o incluso la expectativa de algo grande o maravilloso. Puede describirse como euforia, deleite y pura alegría, y puede ser el resultado de un gran éxito o de una experiencia muy hermosa o maravillosa, como una boda o una graduación. Sin embargo, la definición de alegría que tiene el mundo no es tan asombrosa como la alegría bíblica; esa alegría es un don. Vemos además la importancia de la alegría en la Biblia porque es de Dios mismo.

A medida que aumentan las amenazas de la plaga, la preocupación y la ansiedad crecen exponencialmente. El distanciamiento social se convierte en la norma, por lo que la humanidad se divide entre sí. Muchas personas se niegan a salir de casa, lo que crea un nuevo tipo de trabajo: el reparto a domicilio. Las familias individuales pueden permanecer literalmente en su casa y no salir para nada que no sea asegurarse de que los depósitos de gasolina están llenos.

Creo que Wilma y yo podemos mantenernos a salvo recurriendo a la opción de comida para llevar y luego hacer un picnic en algún lugar elegido. Esto funciona muy bien siempre que haga buen tiempo, pero siempre tenemos la terraza de la piscina del patio trasero como opción si no podemos ir a ningún otro sitio. Esto al menos nos permite anticiparnos a alguna actividad diaria. Creo que la relación matrimonial mejoró un poco durante este tiempo; Wilma, quizá no tanto. De todos modos, las opciones eran ciertamente limitadas hasta mediados de 2020.

15

La Pandemia Oscurecida por la Alegría de Vivir

Acción de Gracias

Dios Todopoderoso, Dios de todo lo conocido y desconocido, Dios de la Creación
Estamos aquí para alabarte y adorarte con acción de gracias
Te agradecemos en primer lugar el don de la vida en esta creación asombrosa y la generosidad de la alegría en tu presencia
Te agradecemos que hayas diseñado amorosamente un sistema perfecto basado en la fe para que comprendamos la maldad total de la idolatría y las consecuencias destructivas que encontramos lejos de tu fuerza
Estamos agradecidos la fe conduce a la alegría eterna y el amor verdadero realidad en nuestra madurez
Te agradecemos el sufrimiento personal que nos enseña a depender de tu omnipotencia
Estamos muy agradecidos por tu hijo, Señor Jesucristo, que murió en la cruz por nuestros pecados, para

que podamos ser redimidos, y experimentar una
relación personal contigo como nuestro destino
Estamos agradecidos por todos los que estamos aquí,
por nuestra familia, por nuestro país y por toda la
humanidad que utilizas para tus fines
En el nombre de nuestro Señor Jesucristo,
Amén.

La pandemia continúa hasta mayo de 2020, pero ahora la intensidad del miedo crece a pasos agigantados. Seguimos con los picnics de comida para llevar como única salida social. Nadie promete ni indica una vacuna contra la peste antes de principios del año siguiente, por lo que no hay alivio a la vista, y la preocupación por la morbilidad de los septuagenarios avanza a un ritmo de crecimiento desenfrenado. El distanciamiento social llega al punto de las calles de sentido único en la tienda de comestibles y cualquier otra zona de mucho uso. Todo el mundo tiene que mantenerse a dos metros de distancia, y es asombroso ver la cantidad de vitriolo que se desata entre vecinos normalmente amistosos. La atmósfera de plaga parece un plan perfecto para destruir una nación, si alguien lo desea.

La iglesia de los domingos es un acontecimiento en Internet. La ansiedad de Wilma aumenta un poco cada día, junto con la tensión conyugal. No toleramos muy bien la compañía del otro sin algún tipo de distracción viajera. Quiero señalar que siempre que Wilma decide cocinar o preparar una comida en casa, suele hacer un trabajo excelente.

Se acerca agosto y el cumpleaños de Wilma, así que organizo un viaje en coche a mi alma mater, Virginia Tech, con una parada en Newberry, Carolina del Sur (como recomienda la familia de Wilma). Terminamos en la zona turística de Hilton Head Island, Carolina del Sur. En este momento no hay restricciones gubernamentales contra este tipo de viajes. De camino a Blacksburg (Virginia), hacemos noche en Charlotte, en el lado de Carolina del Sur, para minimizar el cansancio del viaje. Este viaje marca el primer viaje largo con Wilma en uno o dos años y se convierte en una importante fiesta de nostalgia para mí.

Virginia Tech es la mayor universidad del estado de Virginia, y mantiene un hermoso campus en un valle rodeado por las montañas Blue Ridge. La primera maravilla arquitectónica son los ocho pilones que custodian la entrada del campus. Estos pilones ejemplifican lo que Virginia Tech representa. Hay ocho monolitos en total que significan lo siguiente (de "Understanding Virginia Tech's campus", Anna Beucler, 6 de julio de 2017, *Collegiate* Times).

- Hermandad
- Honor
- Liderazgo
- Sacrificio
- Servicio
- Lealtad
- Ut Prosim (que yo sirva)

Uno de los lugares más pintorescos e icónicos del campus de Virginia Tech son los pilones situados sobre la War Memorial Chapel. Estos pilones representan ocho de los valores fundamentales de Virginia Tech: hermandad, honor, liderazgo, sacrificio, servicio, lealtad, deber y Ut Prosim. En los pilones están grabados los nombres de todos los estudiantes y graduados de Virginia Tech que murieron defendiendo la libertad de nuestra nación desde la Primera Guerra Mundial. En total, se trata de más de cuatrocientas personas, y cada nombre está grabado en un pilón específico. En el centro del War Memorial hay un cenotafio que muestra los nombres de los siete galardonados con la Medalla de Honor de Virginia Tech. Por respeto, Virginia Tech pide a los visitantes que no se sienten ni toquen el cenotafio.

Pilones y guerra. Capilla Conmemorativa, vista parcial, VA Tech

Burruss Hall, VA Tech

El Cuerpo de Cadetes de Virginia Tech lleva a cabo la ceremonia de dedicación de los pilones en Drillficld Drive y Alumni Mall cuando se añade un nuevo nombre a los pilones. La Guardia Gregory, el equipo de fusileros del Cuerpo, saluda disparando tres salvas. La banda de música del Cuerpo, los *Highty-Tighties*, actúa junto a la guardia de color. Un corneta toca la canción "Echo Taps".

Con vistas al campo de entrenamiento, el War Memorial es el lugar perfecto para contemplar todo el campus de Virginia Tech. Mucha gente se sienta aquí para ver los fuegos artificiales que se lanzan cada otoño para celebrar la graduación de los estudiantes. El Monumento a la Guerra, bajo los pilones, es un lugar popular para los servicios religiosos y las ceremonias de boda. Hicimos muchas fotos para recordar este viaje tan especial a la tierra de los Hokies.

Según Wikipedia, en el tiroteo de Virginia Tech, ocurrido el 16 de abril de 2007, murieron treinta y dos personas, además del autor, Seung-I Iui Cho, que se suicidó. En total, veintisiete estudiantes y cinco profesores perecieron en la masacre. Cho expresaba odio hacia los que llamaba *mocosos ricos*, lo que apoya las afirmaciones sobre su inestabilidad mental. Hoy hay un hermoso monumento conmemorativo con treinta y dos lápidas en miniatura frente al Burris Hall (edificio administrativo). Cada año se celebra una ceremonia el 16 de abril, para que nunca se olvide el impacto de esta tragedia. Los antiguos alumnos, como yo, no podíamos creer que una tragedia así pudiera ocurrir en nuestra universidad mientras escuchábamos la cobertura de los medios de comunicación. El ambiente estudiantil en Virginia Tech es de una familia muy unida y de respeto absoluto. Volvimos a hacer varias fotos para recordar este viaje.

Ayudé con entusiasmo a financiar el Holtzman Alumni Center junto con varios graduados que expresaron su interés por tener un lugar así. En consecuencia, una piedra del patio tiene grabados mi nombre y mi fecha de graduación, lo que garantiza que quede registrado en la posteridad de Virginia Tech. Hemos hecho más fotos de este recuerdo. Siempre amaré Virginia Tech y atesoraré los hermosos recuerdos asociados a esa época de mi vida. Me siento un poco más inteligente cada vez que la visito, aunque la edad me recuerde la verdad. La comida es deliciosa en el centro de ex alumnos, a pesar de las restricciones locales asociadas a la peste.

Kelvin nació cerca de aquí al principio de mi último año, y Brenda trabajó en diferentes turnos como enfermera en la cercana Radford para ayudarnos a salir adelante. Virginia Tech le concedió un diploma de esposa al mismo tiempo que yo me graduaba, un gesto maravilloso. Los deportes universitarios y ver a los atletas competir a este nivel es también una experiencia tremenda, que nunca olvidaré. La realidad memorable en Rlacksburg tiene que ser la hermosa pero traicionera acumulación de nieve. De hecho, ir andando a la escuela por senderos nevados me hizo cambiar mi elección inicial de lugar de trabajo. Disfrutamos de un gran desayuno a pesar de las restricciones de la plaga y nos dirigimos a Newberry.

Newberry, Carolina del Sur, es conocida hoy en día por su restaurado teatro de la ópera y sus numerosos artistas internacionales. Sin embargo, se cerró por preocupaciones de peste durante un tiempo indefinido. Yo vendí una empresa de fabricación de barcos (durante mis años de agente comercial) que se reconstruyó aquí en Newberry y da trabajo a unas mil personas. También vivíamos cerca de aquí, en el lago Murray, antes de trasladarnos a Ferdinanda Beach. Wilma y yo exploramos las características de la ciudad cerca de la ópera y luego nos dirigimos a Hilton Head Island.

Llegamos por la tarde y nos registramos en el hotel Westin, en la playa de Hilton Head Island, Carolina del Sur. Este viaje representa mi regalo de cumpleaños a Wilma en 2020. Hilton Head es otro lugar de gratos recuerdos para mí.

Brenda y yo teníamos un pequeño apartamento en la playa, junto al Westin. El apartamento no era muy lujoso, pero era el lugar al que íbamos en verano y en Semana Santa. Kelvin y yo disfrutábamos asistiendo al torneo de golf profesional (el Heritage), que se jugaba todos los años justo después del Masters. En verano, los niños buscaban dólares de arena y jugaban en la playa. A toda la familia le encantó Hilton Head, aunque fuera un poco caro.

Muchos famosos han tenido o siguen manteniendo una casa en Hilton Head Island. Ted Turner sigue teniendo una casa privada en la isla, Michael Jordan mantuvo una casa en Hilton Head durante más de diez años, Arthur Blank tiene una mansión en Hilton Head plomo, e incluso Sandra Bullock tiene una mansión en la playa aquí.

A principios del siglo XVIII, se trajeron esclavos a Georgia y Carolina del Sur para ayudar en los campos de arroz y algodón. Muchos de ellos se establecieron aquí y siguen siendo propietarios de gran parte de la isla. Prácticamente ninguna de estas propiedades se ha urbanizado porque, en muchos casos, los propietarios no quieren venderlas. Los inicios de Hilton Head como centro turístico se remontan a 1956, con la construcción del Sea Pines Resort. El actual sistema de desarrollo de plantaciones pronto despegó, convirtiéndose en un destino turístico de primera clase. La propia isla debe su nombre a un explorador inglés, el capitán William F. Hilton, que en 1663 descubrió el lugar tras navegar hacia la costa Este desde Barbados.

Parece que a Wilma le encanta este lugar de vacaciones. Le encanta tumbarse en la piscina y que el servicio le traiga cócteles de vez en cuando. Caminamos un poco por la playa, pero el viento es algo fuerte, lo que nos limita. Además, gran parte de nuestros dos días los pasamos descubriendo la belleza natural de Hilton Head Island y comprendiendo por qué es el lugar de descanso preferido de muchos. Probamos un par de restaurantes, pero Wilma prefiere la piscina y que la atiendan. Después de dos días, es hora de volver a Fernandina Beach y dar gracias por su belleza. Dios nos ha protegido, incluso con el miedo a la peste, mientras buscamos su revelación natural.

RESPUESTA A LA PANDEMIA

Las noticias sobre las vacunas contra la peste de una empresa llamada Modena y de la conocida Pfizer, así como de algunas otras, crean una respuesta de pánico en prácticamente todos los ciudadanos. Las vacunas son distribuidas por el gobierno a diversos lugares en función de diversos factores, incluidos los políticos. Ciertamente no somos diferentes del resto de las masas, y estamos muy ansiosos por ser inoculados. Las primeras vacunas en la zona son extremadamente limitadas y sólo pueden obtenerse mediante un sistema de lotería al que se accede por teléfono móvil. Nos peleamos durante todo el mes de enero de 2021 hasta que por fin conseguimos una vacuna disponible en Starke, Florida (a poco más de una hora en coche de Fernandina Beach). Después de recibir la primera inoculación de la variedad Moderna, el protocolo es esperar veintiocho días para la segunda inoculación. Tras el segundo viaje a Starke, me siento considerablemente aliviado. Creo que al menos no moriremos de esta horrible enfermedad de inmediato y, como mínimo, he cumplido mi obligación con Wilma. Doy gracias a Dios en la sala médica por habernos conducido a esta solución. Acabaremos recibiendo una tercera dosis de refuerzo de la vacuna Moderna a finales de 2021. La política y la verborrea que la acompaña a través de este dilema de la plaga exponen la idolatría de la identidad de nuestros llamados líderes. El CDC irrumpe en la fiesta notablemente tarde, insistiendo en una lista comando de leyes reguladoras, sin la primera debida comprensión de las diversas vacunas.

Por fin llega junio de 2021 y podemos viajar a Connecticut para ver a Michael graduarse en el instituto. Reservamos en el Hotel Omni de New Haven en una repetición de la graduación de Patrick, anticipando otro gran momento. Debido al temor a la plaga, muchos de los eventos o lugares anteriores están cerrados o sustancialmente restringidos. Estoy muy contenta de estar aquí, presenciando la graduación de secundaria de Michael, ya que representa tantos recuerdos maravillosos. Cuando era joven, tocaba el piano en la casa de Fernandina Beach y sonaba como un profesional. En algún lugar dentro de Michael reside un músico con mucho talento. Skye también hace la misma observación durante un viaje aquí a Fernandina. Le gusta tocar música muy tranquila, relajante, de ascensor, que me encanta escuchar. También es muy capaz de comentar un acontecimiento o suceso como un cómico, ya sea intencionadamente o no. Es un placer estar con él y tenemos muy buenos recuerdos.

En un viaje a Fernandina, Michael ha estado experimentando cierta sobrecarga en la corrección que siente cuando está en casa. Me avisan de ello antes de que llegue la familia, así que le recibo con los brazos abiertos. Le aseguro que me alegro mucho de que esté aquí. Desde entonces, él y yo somos grandes amigos. Le inicié en los fundamentos del ajedrez y se ha convertido en un excelente jugador. Quiero a Michael, como quiero a todos mis nietos. Dios me ha bendecido.

Michael tiene un aspecto maravilloso durante la graduación: un joven feliz. El día del baile de graduación y la graduación se ven obligados a coincidir debido a las limitaciones de la plaga, pero él está guapísimo con su esmoquin y listo para salir. Tenemos muchas fotos.

La familia cena la graduación en New Haven, aunque Michael no puede estar allí.

A la mañana siguiente, nos dirigimos a Newport, Rhode Island, donde Stan y Susan tienen una casa. Es una magnífica zona de carros con muchos restaurantes estupendos y actividades acuáticas disponibles. Es una especie de patio de recreo para niños ricos; sin duda, solía serlo, y tener una casa aquí es casi mágico. A Wilma le encanta porque puede sentarse en el porche delantero y saludar a los visitantes que pasan. Llevamos el coche de Susan a la costa rocosa frente a las grandes mansiones, donde la escena y el ambiente son indescriptiblemente encantadores. Este es uno de esos lugares de los que, cuando estás allí, no quieres marcharte; quieres que dure todo lo que puedas.

Michael va a continuar sus estudios en la Universidad de Coastal Carolina, cerca de Myrtle Beach (Carolina del Sur). I le va a ser encargado de material del equipo de baloncesto, y está encantadísimo. Creo que es el chico más afortunado de la tierra por ir a la escuela con una actitud deportiva muy activa en medio del venerado lugar que inventó el paso de baile shag. Myrtle Beach tiene que ser la idea que un joven o una pareja joven tiene del mismísimo paraíso. Me alegro mucho por él. Después de dos días aquí en Newport, Kelvin sube y nos lleva al aeropuerto de Providence para el viaje de vuelta a casa.

I Jome siempre es agradable, pero en nuestro caso, aquí suelen empezar los jaleos. Sin embargo, el verano está pasando rápidamente (como parecen hacerlo todas las cosas) y nos acercamos al cumpleaños de Wilma. Este año, recomiendo un fin de semana largo en el Omni de Fernandina Reach. Podemos pasar un buen fin de semana largo sin tener que subirnos a un automóvil para ir a ninguna parte. Los buenos restaurantes, la playa y el golf son accesibles desde un carrito de golf. Wilma puede volver a tumbarse junto a la piscina y disfrutar de diferentes bebidas, sea cual sea su placer. Parece prosperar en este ambiente. Podemos pasear por las playas por la mañana, que es una de mis cosas favoritas, aunque ya no nos cogemos tanto de la mano. Por la mañana siempre está precioso, con esa promesa que Dios da cada día. A primera hora de la tarde, paseamos por los hermosos y cuidados terrenos de la plantación Omni antes de cenar en uno de los magníficos restaurantes disponibles. Esta vez, hay una agradable banda de música en el interior para dar cabida al baile informal y a la relajación en general. Sé que Wilma disfruta de su regalo de cumpleaños y está muy agradecida, pero el ambiente parece un poco tenso a veces. En general, sin duda disfruto del fin de semana y me alegro de volver a casa y prepararme para nuestro próximo viaje a la boda final de Skye.

BODA

Toda la atención se centra ahora en la próxima boda de Skye y Paul. Las mujeres se han estado comunicando sobre lo que piensan ponerse. Todas están de acuerdo en llevar un vestido largo. Le pregunto a Wilma si tiene un vestido largo que le gustaría llevar a la boda y le ofrezco comprarle un vestido nuevo en Dillard's si se toma la molestia de hacerlo. Vamos a la tienda. Se prueba siete u ocho vestidos y no le gusta ninguno. En su lugar, quiere un vestido corto con un aspecto algo formal. Acepto a regañadientes comprarle el vestido, pero le recuerdo que será la única que lleve este tipo de atuendo. A ella no parece importarle e insiste en que así es como quiere que la vean.

Decidimos volar a Atlanta, en lugar de ir en coche, y coger taxis allá donde vayamos, en lugar de tener que seguir el ritmo de un coche. Gracias a la ayuda de Kelvin, nos alojamos en el excelente hotel Four Seasons en una situación perfecta. Nuestra familia está toda bajo una misma reserva, lo que reduce el coste en un 75%. Nos reunimos en una zona especial del hotel para tomar tapas y cócteles y comenzar la celebración. Es un momento especialmente alegre que Skye lleva esperando un par de años. Las condiciones de la plaga limitan los lugares de celebración de la boda, así como los desplazamientos de amigos y familiares. ¡Pero ya estamos aquí!

A la mañana siguiente, Wilma y Mark visitan el famoso acuario de Atlanta, el mayor de Estados Unidos y el segundo del mundo. Su volumen total es de once millones de galones de agua y más de 2,5 millones de visitantes anuales disfrutan del espectáculo. Pasamos de tres a cuatro horas viendo todo el acuario. Es un lugar concurrido pero educativo y promete ser muy agradable. Las mayores atracciones son la presentación de delfines y el nuevo y enorme tanque de tiburones. Sin duda, es una forma de disfrutar de la belleza del océano como creación de Dios en pleno centro de Atlanta.

Ambos disfrutamos de la visita y seguimos hablando de ella mientras nos dirigimos de vuelta al hotel Four Seasons. Sin duda, es una atracción que merece la pena y un lugar de visita obligada si se dispone de tiempo en Atlanta.

Nos relajamos en la habitación del hotel antes de ir a la cena de ensayo de esta noche. En la cena, conocemos a la madre y al padre de Paul, que son médicos. Me parecen personas maravillosas, lo que concuerda con lo buena persona que es Paul. Me encanta hablar largo y tendido con el padre de Paul. Me alegro mucho de que mi nieta se case con un joven tan estupendo.

La cena se sirve en varios platos, empezando con aperitivos muy ligeros y salsas. Después vienen los aperitivos, más tarde el segundo plato y, cuando llega el último, todos estamos demasiado llenos para comer. En este caso, la comida no supone una gran diferencia, ya que todos estamos más interesados en interactuar entre nosotros. En general, es un ensayo previo muy satisfactorio. Todo el mundo espera con impaciencia el día siguiente.

Es mediodía y estamos listos para que empiece la boda. El lugar es Piedmont Park Botanical Gardens en el centro de Atlanta. El lugar en sí es precioso, con un arco decorado para los novios al que hay que subir un poco para llegar. Los novios se colocan a ambos lados del camino, mientras que los invitados se distribuyen en forma de herradura alrededor de la zona.

La ceremonia ha sido obviamente bien planeada, con todas las actividades desarrollándose en el exterior. La novia está preciosa, y el novio se lava las manos mientras fija los ojos en su novia durante la realización de los votos matrimoniales. l Iooray y buen ánimo con palmas para el Sr. y la Sra. Paul Young. Tenemos cerca de una hora para hacer fotos antes de brindar con champán. Paul y Skye emocionan a los invitados con un hermoso baile nupcial bien ensayado. Es como un suave ritmo de vals con muchos movimientos atléticos, una alegría para la vista y un fantástico comienzo para la recepción de la boda.

Nos incitan a hacer un scat para que nos sirvan juntos la cena y continuar después con el baile. Wilma se ancla junto a uno de los novios de los niños y apenas se mueve el resto de la velada. La cena en sí es encantadora y muy sabrosa, y el servicio es extraordinario.

Durante las dos horas y media siguientes, más o menos, intento conocer a tanta gente nueva como sea posible y disfrutar bailando del repertorio del muy capaz DJ. Gracias, Dios, por un rato tan feliz. En pocas semanas, entraremos en el mes de octubre de 2021, y Susan cumple 50 años. Ella ha pedido que celebremos este cumpleaños en Myrtle Beach. Vaya.

16

Sorprendente Cumpleaños y Celebración de la Vida

Quincuagésimo

La pequeña Susan cumple cincuenta años. No puedo imaginarme que llegue a cumplir cincuenta años, pero al mismo tiempo, estoy tan agradecida de que Dios me haya permitido celebrarlo. Los recuerdos de Susan se remontan a cuando era capaz de salir de su cuna más de un año antes de poder andar. Además, gateaba hasta la cocina cuando Brenda estaba cocinando, sacaba los cajones y se subía a los armarios. Una vez se subió encima de la nevera y me dio un susto de muerte. Susan siempre podía conseguir cualquier cosa que se propusiera. Tuvo más suerte que Kelvin, ya que siempre tuvo buenas niñeras de buen corazón. Nunca le di un azote, pues una simple mirada mía la hacía llorar. Siempre admiró a su hermano mayor y lo quiso mucho, como sigue haciéndolo. Cuando Susan estaba en octavo curso, ella y su madre me convencieron para que me mudara a una urbanización en el lago que teníamos cerca. Sabía que era un error financiero, pero tras unas semanas de presión, finalmente cedí. Durante varios meses, todo fue de maravilla en este nuevo experimento: Tenía un amarre y conocí a muchos nuevos amigos golfistas.

A mediados del octavo curso, Susan empezó a escaparse de casa por la noche, sin que Brenda ni yo la descubriéramos. Una noche, Brenda se despertó y se dio cuenta de que Susan no estaba en casa. Esto fue antes de los smartphones, así que llamamos a la policía. Poco después, Susan llamó a casa y nos dijo dónde la podíamos encontrar. Inmediatamente corrimos al lugar y la recuperamos. Brenda y yo estábamos completamente angustiadas, sin idea de cómo resolver este problema. Nuestro primer pensamiento de pánico fue internar a Susan en una escuela parroquial, donde alguien pudiera vigilarla, literalmente cada minuto. Sabíamos que se trataba de una estructura carcelaria, pero en ese momento no importaba. Había que rescatar a nuestra hija.

Ambos rezábamos por una solución casi continuamente, ya que estábamos en pleno curso escolar. Asistíamos a la Iglesia Presbiteriana Cornerstone en el área de Columbia, Carolina del Sur. Allí también pedimos ayuda en oración. A los pocos días, Susan contrajo mononucleosis, que es una enfermedad muy restrictiva. Ella no podía estar en la escuela con otros estudiantes, y un maestro especial vendría a la casa para proporcionar instrucción para que ella no perdiera ningún tiempo escolar. Susan estaba ahora protegida de todas las malas influencias (Satanás). El ministro de jóvenes de la iglesia Cornerstone visitaba nuestra casa regularmente para mantener la conexión de Susan con el Señor Jesucristo. (Esta parte del libro no es ficticia y es parte de mi testimonio). Susan no tuvo contacto cara a cara con niños de su edad durante casi nueve meses. Dios rescató a nuestra familia de lo que podría haber sido una situación de desastre absoluto. ¡Alabado sea Dios! Y la sustituyó por un regalo.

Al cabo de nueve meses, Susan se convirtió en una niña casi ideal, le encantaba el colegio, incluidos sus muchos amigos, y su maravillosa actitud era recíproca. Recibió muchos premios de popularidad mientras participaba en gimnasia y animaba. Pasó el instituto sin perder el ritmo y fue segunda reina del baile, además de recibir otros honores. Recuerdo haber dicho en los primeros años de escuela de Susan: "Ella puede hacer cualquier cosa". Y eso sigue siendo cierto hoy en día.

Susan fue aceptada en la Universidad de Carolina del Sur e inmediatamente acogida en el equipo de animadoras, donde la mayoría del equipo ya la conocía o sabía de ella. Al cabo de unos seis meses, su madre y yo le sugerimos que dejara el equipo de animadoras, con su control draconiano. Se esperaba que cada animadora mantuviera su peso en más o menos medio kilo. Es decir, si su peso superaba la media libra del objetivo, no se le permitía animar y recibía algún tipo de demérito. Eso es mucho estrés para una estudiante de primer año, así que se cambió al equipo de baile que actuaba en el descanso de los partidos de baloncesto. Brenda aconsejó a Susan después de la graduación que una carrera de inglés no le garantizaría un trabajo seguro ni le proporcionaría muchos ingresos por si acaso se casaba con un vago. Ella respetó la opinión de su madre y se hizo terapeuta ocupacional. Esta decisión fortuita sentó las bases del éxito actual de Susan. Siempre mantuvo que "lo quería todo" y ha podido alcanzar sus metas y formar una hermosa familia.

Aunque no es su cumpleaños y ya ha pasado la cincuentena, quiero decir unas palabras sobre mi otro amor, mi hijo Kelvin. Cuando era pequeño, era un niño muy tranquilo y despreocupado al que le encantaba cantarse a sí mismo. Caminaba antes de cumplir un año y demostró una buena capacidad atlética durante toda su vida. Cuando vivíamos en Petersburg, Virginia, y tenía ocho años, se montaba en su bicicleta y recorría una milla y media hasta el entrenamiento de fútbol de la Liga Infantil sólo para estar con el equipo. Toda su vida le ha gustado estar rodeado de un grupo de hombres con una hoguera al atardecer, simplemente ser uno de los buenos.

Solíamos pescar en condiciones invernales bastante duras en Carolina del Sur, pero a él no parecía importarle lo más mínimo y llegó a amar el aire libre y el entorno natural. Sigue dedicado a los espacios abiertos y libres.

Kelvin ha mantenido un talento natural en las artes culinarias, y le encanta hacerlo. Él y su mujer, Stenny, organizan nuestra celebración familiar anual de Acción de Gracias. Esta tradición se ha convertido en mi época favorita del año porque puedo visitar a toda o casi toda la familia. Hoy en día, todo el mundo está tan ocupado que es difícil que toda la familia esté libre al mismo tiempo. Durante varios años, Kelvin y yo nos reuníamos el Día del Padre y planeábamos una salida de golf junto con un gran viaje de pesca. Son algunos de mis mejores y más maravillosos recuerdos.

Wilma y yo conducimos desde Fernandina Beach hasta Surfside, en Carolina del Sur, para celebrar la meseta del cumpleaños de Susan. Kelvin prepara una hermosa situación en la casa mansión de su amigo en Murrell's Inlet. Esta casa debería llamarse "Cómo vivir como un millonario"; todo en esta casa es como un sueño. Toda la comida es tipo finger foods o pequeñas tapas para que nadie se atasque comiendo demasiado, y hay muchas bebidas disponibles para cualquiera que sea la bebida elegida. Un buen grupo de música ameniza la velada. En el bar hay fotos de Brenda, la madre de Susan. Susan y su madre eran la gran amiga de la otra, y Susan ha destacado desde el principio siguiendo los pasos de Brenda. Quiere mucho a su madre. Entre los invitados a la celebración se encuentran muchas hermanas de la hermandad y otras amigas, así como su amiga de la infancia, Anna, que también trae al espectáculo a su hija golfista casi profesional. En lo que a fiestas se refiere, ésta es un éxito monumental que perdurará en la memoria durante muchos años. Kelvin no ha terminado con su planificación, ya que la fiesta continúa con el tema de la fiesta de Halloween de la noche siguiente en un local nocturno de Murrell's Inlet.

Se elige el Dead Dog Saloon para la celebración ampliada. Algunas personas de la noche anterior tienen que volver a casa, pero nuevos amigos se unen al segundo local de la fiesta. Kelvin es amigo personal de muchos de los miembros de la banda, así que se limitan a tocar nuestras peticiones durante toda la velada. La mayoría llevamos algún tipo de disfraz de Halloween, aunque sólo sea una máscara del Llanero Solitario. Otra noche de grandes bailes nos desgasta un poco a los mayores, pero sigue siendo muy alegre. Todos lo pasamos muy bien, y no olvidaremos la cincuentena de Susan.

Los logros familiares y otros acontecimientos significativos son en realidad regalos de Dios, ya que celebramos Su diseño humano para vivir. Ejemplos de familia son nuestras familias inmediatas, las familias de la Iglesia y las familias humanas. Nuestra creación existe como una familia, ya que Dios nos dice: "Sed fecundos y multiplicaos", llevándodonos a una relación gozosa con Él, tal y como Él pretendía originalmente. En consecuencia, aquellos que intentan organizarse bajo el secularismo, fuera de la familia, juegan con la enemistad de Dios.

Kelvin y Stenny vuelven a ofrecerse voluntarios para su tradicional celebración familiar anual de Acción de Gracias. Me sorprende que estén tan generosamente dispuestos a hacerlo después de toda la actividad de principios de otoño. Han alquilado una casa muy bonita en el lago Murray con una vista tranquila y fácil, lo que añade ambiente a la ocasión. De hecho, experimentamos dos mañanas de fuerte escarcha que se asemeja a una ligera nevada alrededor de las aguas del lago. La casa en sí es como una cabaña de montaña, y tengo todo el piso de arriba para mí solo. De nuevo, una bonita escena. Casi todo el mundo aparece, incluidos Skye y Paul. Disfruto especialmente de los amigos de Kelvin que forman parte de sus días en el club de caza. La comida es profesional y deliciosamente preparada como de costumbre, y todos disfrutan de un gran momento. Sigo agradecido y humildemente asombrado por nuestra tradición de Acción de Gracias. Por alguna razón, disfruto especialmente del viaje de vuelta a Fernandina Beach.

La madre de Stenny, Laura, contrajo cáncer de estómago el año pasado, y su familia se preparaba para asistirla mientras seguía el tratamiento. Justo antes de que empezara el nuevo año, Laura decidió no seguir el plan de tratamiento y dejar que la enfermedad siguiera su curso. En mi opinión, fue una decisión muy valiente. La valiente acción rescató a sus seres queridos de un dolor extenso y agotador, con un recuerdo terrible. Falleció a principios de enero y tuvo un hermoso funeral militar que me dejó, al menos a mí, con el mayor de los respetos por esta valiente dama. La mayoría de las personas que conozco no están a la altura de su fortaleza.

De vuelta a casa, la relación matrimonial sigue siendo tensa y ambos reconocemos que es necesario un cambio. Hemos estado pasando por el aro durante las vacaciones debido a conflictos en la familia. Como los viajes siempre parecen sacar a flote la relación, sugiero un viaje en tren campo a través para visitar el Gran Cañón en Arizona. A Wilma le parece bien la idea, así que programo un viaje de siete días desde Washington, D.C., hasta Salt Lake City, Utah, que incluye una parada turística en el Gran Cañón. Decidimos hacer el viaje a principios de abril para evitar el clima de finales de invierno.

Estamos esperando ansiosos aquí en la capital de D.C., en Union Station, preparándonos para una ruta de larga distancia de Amtrak que conecta Washington, D.C., y Chicago. Este tramo va a ser en su mayor parte sólo nocturno y dicen que sale sobre las 16:00. Al salir en el tren, podemos ver la belleza de algunas de las colinas de Virginia y quizá un poco de cubierta forestal antes de que anochezca en Pensilvania.

Hay varias paradas de camino a Chicago, pero no nos afectan. Podemos ver cómo el tren cruza el río Potomac. La habitación privada es muy agradable - no es un crucero, y el cuarto de baño se parece más al baño de un avión, pero sin duda es mejor que sentarse en asientos abiertos. Esta ruta en concreto sigue la histórica línea de ferrocarril de Baltimore y Ohio, que se constituyó en 1827 como el primer ferrocarril de transporte público del país. No había viajado en tren desde mi época de soldado y no había estado en un coche cama desde que era niño.

La noche no está tan mal, incluso con las varias paradas y el balanceo de lado a lado del propio tren. Llegamos a Union Station Chicago y empezamos a esperar a un tren que se dirige a Los Ángeles, casi por la famosa Ruta 66. Tras un par de horas, estamos listos para embarcar en el siguiente largo viaje. Louis, por lo que la mayor parte del tiempo transcurrirá en Illinois y parte en Misuri, pero esta vez tenemos Wi-Fi, así como un vagón de observación con techos transparentes. Fuera hay unas vistas maravillosas. Estoy impaciente por ver cómo se ve el glorioso Gran Cañón desde este vagón. Parece que nos acercamos al anochecer un poco antes de lo que esperaba, ya que nos dirigimos hacia el Oeste. El tren frena inesperadamente y el revisor llama a nuestra puerta y me hace señas para que le siga.

Le digo a Wilma que mantenga la puerta cerrada y que volveré enseguida después de ver qué quiere el revisor. El tren se detiene, y el revisor me dirige a una pequeña estación, donde quiera que estemos. Hay una luz muy brillante alrededor de la puerta, y cuando la abro, no puedo ver durante un minuto, pero me invitan a pasar muy amablemente.

Mientras tanto, en el interior, el tren empieza a oscurecerse cada vez más, y Wilma sale de la habitación y empieza a llamar a gritos al revisor. Lo encuentra y le pregunta qué está pasando y dónde estoy. El revisor la coge del brazo y le dice: "Mark está bien. Pero, ¿qué está pasando?".

Grita y oye la respuesta: "Ya no hay *luz*".

17

La Guía de Dios y la Relación Revelada

Para todo hay una estación, un tiempo para cada actividad bajo el cielo. Tiempo de nacer y tiempo de morir. Tiempo de plantar y tiempo de cosechar.

Tiempo de matar y tiempo de curar. Tiempo de derribar y tiempo de construir.

Tiempo de llorar y tiempo de reír. Tiempo para llorar y tiempo para bailar.

Tiempo de esparcir piedras y tiempo de recoger piedras. Tiempo de abrazar y tiempo de dar la espalda.

Un tiempo para buscar y un tiempo para dejar de buscar. Un tiempo para conservar y otro para desechar.

Tiempo de desgarrar y tiempo de reparar. Un tiempo para callar y un tiempo para hablar.

Tiempo de amar y tiempo de odiar. Tiempo de guerra y tiempo de paz.

Eclesiastés 3:1-8 (NLT)

Sin embargo, Dios ha hecho que todo sea bello a su debido tiempo. Ha sembrado la eternidad en el corazón humano, pero aun así, la

> gente no puede ver todo el alcance de la obra de Dios de principio a fin.
>
> Eclesiastés 3:11 (NLT)

En este punto de la existencia humana, comprender el reino de Dios está fuera de nuestro alcance. Una vez más, Dios no está restringido por el tiempo o la distancia dentro de Su reino, pero es capaz de comunicarse con nosotros de todos modos. Nuestra primera linea de comunicación es la Santa Biblia en el desarrollo de una relación con Él. Él quiere que estemos en una existencia matrimonial con Él como Líder y Creador de la familia. La poesía anterior describe la creación en el sentido de que hay siete secciones de dualidad que parecen ir desde el principio de los tiempos hasta el final de los tiempos. Básicamente, un pecado está categóricamente prohibido en nuestra relación con Dios, ese pecado es la idolatría. Este pecado fue cometido primero por Adán y causó la caída de la humanidad, lo que a su vez obligó a la venida de nuestro Señor Jesucristo para redimir nuestras almas mediante este 3005 asombroso don de Dios.

Repitamos algunas referencias del experto J. C. Ryle (1816-1900): "La idolatría hoy: ¿dónde está?".

> Permítanme mostrar... las formas que la idolatría ha asumido y asume en la iglesia visible de hoy. ¿Dónde está? Que surgiría la idolatría parece haber sido la expectativa de los apóstoles, incluso antes de que se cerrara el Canon del Nuevo Testamento. Es notable observar cómo San Pablo se detiene en este tema en su epístola a los Corintios. Si algún corintio llamado hermano era idólatra, con él los miembros de la Iglesia "no debían catar" (1 Co 5:11). "Tampoco vosotros seáis idólatras, como lo eran algunos de ellos" (1 Co 10:7). Vuelve a decir en el texto que encabeza este documento: "queridos míos, huid de la idolatría" (1 Co 10:14). Cuando escribe a los colosenses, les previene contra "la adoración de los ángeles" (Col 2,18). Y San Juan cierra su primera epístola con un solemne mandato: "Hijitos, guardaos de los ídolos" (1 Jn 5, 21). Es imposible no sentir que todos estos pasajes

implican una expectativa de que la idolatría surgiría -y pronto- entre los cristianos profesantes.

La famosa profecía del capítulo 4 de la primera epístola a Timoteo contiene un pasaje que va aún más directamente al grano: "El Espíritu dice claramente que en los últimos tiempos algunos se apartarán de la fe, prestando atención a espíritus seductores y a doctrinas de demonios" (1 Ti 4:1).

El último pasaje sobre el que llamaré la atención es la conclusión del noveno capítulo del Apocalipsis. Allí leemos, en el versículo veinte: "El resto de los hombres que no fueron muertos por estas plagas, no se arrepintieron de las obras de sus manos, para no adorar demonios, ni ídolos de oro y plata, ni andar" (Ap 9:20). Me atrevo a afirmar que lo más probable es que estas plagas caigan sobre la Iglesia visible de Cristo, y lo más improbable es que San Juan profetizara aquí sobre los paganos, que nunca oyeron el Evangelio.

Y ahora, si pasamos de la Biblia a los hechos históricos, ¿qué vemos? Respondo sin vacilar que hay pruebas inequívocas de que las advertencias y predicciones de las Escrituras no se pronunciaron sin causa, y que la idolatría ha surgido realmente en la Iglesia visible de Cristo y docs todavía existen. El surgimiento y progreso del mal en días pasados, lo encontraremos bien resumido en el homely de la Iglesia de Inglaterra sobre los "peligros de la idolatría". Allí leemos cómo, incluso en el siglo IV, Jerónimo se queja "de que los errores de las imágenes han entrado, y pasado a los cristianos desde los gentiles"; Y Eusebio dice: "No decimos que las imágenes de Pedro y Pablo, y nuestro Salvador mismo, sean hechas, y las tablas sean pintadas, lo cual pienso que ha sido derivado y mantenido indiferentemente por una costumbre pagana." Allí podemos leer cómo "Poncio Paulino, obispo de Nola, en el siglo V, hizo que se pintaran las paredes de los templos con historias tomadas del Antiguo Testamento, para que la gente que contemplaba y consideraba estas imágenes se abstuviera mejor de demasiados excesos y desenfrenos. Pero del aprendizaje por las historias pintadas, se llegó poco a poco a la idolatría". Allí podemos leer cómo Gregorio I, obispo de Roma, a principios del siglo VII, permitió la libre tenencia de imágenes en las iglesias. Allí podemos leer cómo nuestra Irene, madre de Constantino Sexto, en el siglo VIII, reunió el concilio en Nicea y obtuvo un decreto para que "las imágenes fueran colocadas en todas las iglesias de Grecia, y que se diera honor y culto a dichas imágenes". Y ahí podemos leer la conclusión con la que la homilía concluye su resumen histórico de que laicos y clérigos doctos e ignorantes, todas las edades, clases y grados de hombres, mujeres y niños de toda la cristiandad, se han ahogado a la vez en Tu abominable idolatría, de todos los demás vicios más detestados por Dios y más condenables para el hombre, y eso por el espacio de 800 años y más.

Es un relato triste, pero demasiado cierto. No cabe duda de que el mal comenzó incluso antes de la época que acaban de mencionar los autores de la Homilía. Creo que nadie puede asombrarse del auge de la idolatría en la Iglesia primitiva, si considera serenamente la excesiva reverencia que ésta prestó, desde el principio, a las partes visibles de la religión. Creo que ningún hombre imparcial puede leer el lenguaje usado por casi todos los Padres acerca de la iglesia, los obispos, el ministerio, el bautismo, la Cena del Señor, los mártires, los santos muertos en general; ningún hombre podría leerlo sin quedar impresionado por la gran diferencia entre su lenguaje y el lenguaje de la Escritura sobre tales temas. Se siente de inmediato en una nueva atmósfera. Sientes que ya no estás pisando tierra sagrada. Te das cuenta de que las cosas que en la Biblia son evidentemente de segunda categoría, aquí son de primera categoría. Usted encuentra las cosas del sentido y la vista exaltadas a una posición en la que Pablo y Pedro y Santiago y Juan, hablando por el Espíritu Santo, nunca por un momento las colocaron. No es simplemente la debilidad de los escritos no inspirados de lo que hay que quejarse; es algo peor: es un nuevo sistema. ¿Y cuál es la explicación de todo esto? En una palabra, que has entrado en una región donde la malaria de la idolatría ha comenzado a surgir. Has percibido los primeros trabajos del misterio de la iniquidad. Detectas los brotes de ese enorme sistema de nuestra idolatría que, como describe la homilía, fue después formalmente reconocido y finalmente floreció tan exuberantemente en todas partes de la cristiandad.

Y AHORA PERMÍTANME MOSTRARLES LA ABOLICIÓN DEFINITIVA DE TODA IDOLATRÍA. ¿Con qué terminará? Aquí, como en otros temas, la palabra segura de la profecía viene en nuestra ayuda. El fin de todo adulterio llegará un día. Su perdición está fijada... su derrocamiento es seguro. Ya sea en templos paganos o en las llamadas iglesias cristianas, la idolatría será destruida en la segunda venida de nuestro Señor Jesucristo...

La segunda venida de nuestro Señor Jesucristo es esa bendita esperanza que debe consolar siempre a los hijos de Dios bajo la presente dispensación... Ese es el único día en que todo abuso será rectificado en toda corrupción y fuente de tristeza completamente purgada. Esperando ese día, trabajemos y sirvamos cada uno a nuestra generación, no ociosos, como si nada pudiera hacerse para detener el mal, pero no desanimados porque no vemos todavía todas las cosas puestas bajo nuestro Señor... Si estas cosas son así, los hombres no necesitan asombrarse de que les advirtamos que tengan cuidado con todas las inclinaciones hacia la Iglesia de Roma.

ARMÉMONOS, PUES, DE UN CONOCIMIENTO PROFUNDO DE LA PALABRA DE DIOS. Leamos nuestras biblias con más diligencia que nunca y familiaricémonos con cada parte de ellas. Dejemos que la palabra habite ricamente en nosotros. Guardémonos de todo lo que nos haga dedicar menos tiempo y menos corazón a la lectura de sus sagradas páginas. La Biblia es la espada del espíritu; no la dejemos nunca de lado... si una vez la abandonamos por cualquier circunvalación, por hermosa y antigua y frecuentada que parezca, no debemos extrañarnos nunca de que acabemos adorando imágenes y reliquias y acudiendo regularmente a un confesionario.

EN SEGUNDO LUGAR, ARMÉMONOS DE CELOS PIADOSOS POR LA MENOR PORCIÓN DEL EVANGELIO. Guardémonos de aprobar el más leve intento de retener cualquier jota o tilde de él, o de arrojar cualquier parte de él a la sombra exaltando asuntos subordinados en la religión. Cuando Pedro se retiró de comer con los gentiles, le pareció poca cosa; sin embargo, Pablo dice a los gálatas: "Yo le resistí en la cara, porque era reprochable" (Gál 2:11). No consideremos poca cosa lo que concierne a nuestras almas. Seamos muy cuidadosos con lo que oímos, adónde vamos y lo que hacemos en todos los asuntos de nuestro culto particular... Vivimos en días en que grandes principios están implicados en pequeños actos; y cosas en la religión, que hace cincuenta años eran completamente indiferentes, ahora, por las circunstancias, ya no lo son.

ARMÉMONOS, POR ÚLTIMO, DE UNA VISIÓN CLARA Y SÓLIDA DE NUESTRO SEÑOR JESUCRISTO Y DE LA SALVACIÓN QUE HAY EN ÉL. Él "es la imagen del Dios invisible" (Col 1,15). "Expresan la imagen de su persona" (Hebreos 1:3) y entonces la verdadera preservación contra toda idolatría, cuando se conoce verdaderamente. Construyámonos profundamente sobre el fuerte fundamento de su obra consumada en la cruz. Asentemos firmemente en nuestras mentes que el vicio de Jesús ha hecho todo lo necesario para presentarnos sin mancha ante el trono de Dios, y que la fe sencilla e infantil de nuestra parte es lo único que se requiere para darnos un interés total en la obra de Cristo. No dudemos de que, teniendo esta fe, estamos completamente justificados a los ojos de Dios, nunca seremos más justificados si vivimos hasta la edad de Matusalén y hacemos las obras del apóstol Pablo, y no podemos añadir nada a esa completa justificación por ningún acto, hecho, palabra, actuación, ayuno, oración, asistencia a las ordenanzas, o cualquier otra cosa nuestra.

Este resumen de idolatría fue escrito por J.C. Ryle (1816-1900) y fue obtenido del Free Grace Broadcaster).

El resumen anterior fue escrito hace casi doscientos años, cuando cada vez más idolatría se introducía en la fe. En los tiempos modernos, los objetos de idolatría se han diversificado y, por lo tanto, multiplicado por miles.

Para tener una relación con Dios, tenemos que librarnos de este crimen número uno: el pecado. Todo está en tu mente, por así decirlo, y la cuerda de rescate de la humildad cuelga delante de tu nariz.

Debemos librarnos de la idolatría de la identidad y del adulterio espiritual. Todo don bueno y perfecto viene de lo alto (Santiago 1:17).

Todo lo que tenemos nos lo ha dado Dios. Él es el proveedor y el protector en una relación de tipo conyugal con nosotros, si tan sólo lo reconocemos. Si adoramos cosas materiales, estamos cometiendo una forma espiritual de adulterio. Es decir, idolatría y adulterio espiritual son términos sinónimos. Las cualidades del matrimonio humano que creo que Dios quiere en nuestra relación con Él son análogas a los rasgos que Él estableció para la humanidad. Creo que nuestra relación con Dios y nuestra relación entre nosotros están destinadas a ser lo mismo, es decir, una estructura similar a la familia. Dios es el *esposo* y el campeón de toda la familia humana, pero nosotros debemos reconocer y comprometernos con las partes individuales de la relación matrimonial. Debemos comunicarnos y mostrar respeto, y agradecer su gracia y su perdón cuando cometemos errores. La intimidad tiene lugar con nuestra total honestidad y verdad, confesándole nuestros pecados más bajos. Se requiere una confianza absoluta y se presupone un amor compartido perfecto. Creo que hay amenazas constantes a la unidad familiar, y están inspiradas por Satanás. Creo que hay una guerra con Satanás para corromper los valores familiares, pero nuestra red de seguridad es Su mayor regalo, el Señor Jesucristo, que nos ha salvado a través de la Cruz y Su resurrección. Y todo lo que se requiere es que creamos en Él. Como me dijo mi tío en mis días de universidad, ¿puedes permitirte correr el riesgo de tomar esa decisión? La Iglesia es el cuerpo de *Cristo*.

La vida es ahora completa en nuestro matrimonio con Dios. Hablamos directamente con Dios, y Él nos da el don de la conciencia. Mantenemos una humildad completa que nos lleva a la *alegría* y la bondad. El Espíritu Santo nos consuela. Nuestra felicidad se inspira en la belleza de la creación al poder visitar el gran retrato de Dios.

> Del Señor es la tierra y su plenitud, el mundo y los que lo habitan.
>
> Salmo 24:1

Hemos encontrado *la alegría pura*.

Algunos de los versículos bíblicos que hacen referencia al matrimonio con Dios son los siguientes:

> Porque tu esposo es tu Hacedor, cuyo nombre es el Señor de los Ejércitos; y tu Redentor es el Santo de Israel, llamado Dios de toda la tierra.

Isaías 54:5

Ya no se dirá de ti: "Desamparada", ni en tu tierra se dirá: "Dcwlate". Sino que se dirá de ti: "Mi delicia está en ella", y de tu tierra: "Casada"; porque el Señor se deleita en ti, y con él se casará tu tierra.

Isaías 62:4

Como un joven se casa con una virgen, tus hijos se casarán contigo; y como la sala ancha se alegra por la novia, así tu Dios se alegrará por ti.

Isaías 62:5

"Sucederá en aquel día", declara el Señor, "Que me llamaréis Ishi y ya no me llamaréis Baali".

Oseas 2:16

Por tanto, hermanos míos, también vosotros habéis sido hechos muertos a la ley mediante el cuerpo de Cristo, para que seáis unidos a otro, al que resucitó de entre los muertos, a fin de que llevemos fruto para Dios.

Romanos 7:4

"Id y proclamad en los carros de Jerusalén, diciendo: Así dice el Señor: "Me acuerdo de vosotros, de la devoción de vuestra juventud, del amor de vuestros desposorios; me seguís por el desierto, por tierra no sembrada.

Jeremías 2:2

No como el pacto que hice con sus padres el día en que los tomé de la mano para sacarlos de la tierra de Egipto, pacto mío que ellos rompieron, a pesar de que yo era su esposo, declara el Señor.

Jeremías 31:32

Volved, oh hijos infieles, declara el I.ord; porque yo soy vuestro señor, y os tomaré a uno de una ciudad y a dos de una familia, y os llevaré a Sión.

Jeremías 3:14

Os celo con celos piadosos, pues os desposé con un solo esposo para presentaros a Cristo como una virgen pura.

2 Corintios 11:2

Te desposaré con Mc para siempre; sí, te desposaré conmigo en justicia e injusticia, en bondad amorosa y en compasión, y te desposaré con Mc en fidelidad. Entonces conocerás al Señor.

Oseas 2:19-20

El Reino de los Cielos puede compararse a un rey que dio un banquete de bodas a su hijo.

Mateo 22:2

Gocémonos y alegrémonos y démosle la gloria, porque han llegado las bodas del cordero y su mujer se ha preparado.

Apocalipsis 19:7

Y me dijo: "Escribe: Bienaventurados los invitados a la cena de las bodas del Cordero". Y me dijo: "De las verdaderas palabras de Dios".

Apocalipsis 19:9

Vemos que Dios no solo desea una relacion matrimonial con nosotros, sino que El ya esta en una relacion matrimonial con nosotros, y necesitamos discernir esto. Recuerde los versículos de advertencia Mateo 7:21-23 y Lucas 18:9-14.

Dios puede tomar a un desgraciado como yo, arrancarlo de una muerte potencialmente temprana, y volverlo lo suficientemente sano y fuerte como para ser presentable para el matrimonio. Puede revelar a este bribón y a su compañera algunas partes hermosas de la creación en esta tierra, y luego divulgar al vagabundo que Él quiere una relación con él que salvará su vida eterna. A continuación, pone en práctica estos dones en un ambiente de pura *alegría.*

Aquí termina nuestro intercambio de ideas. Espero que lo hayan disfrutado tanto como yo elaborándolo.

Sobre el autor

S. Lee Yates completó una carrera de gran éxito en la industria de las fibras sintéticas tras licenciarse en ingeniería química en Virginia Tech entre el 10% de los mejores de su promoción. Mejoró significativamente la posición financiera de su empresa con desarrollos de procesos estratégicos, y también se le atribuyeron múltiples patentes durante este periodo.

S. Lee Yates vivió cuarenta y nueve años de matrimonio con una maravillosa mujer cristiana, que le ayudó a acercarse a nuestro Señor Jesucristo. Enviudó en 2011, pero nunca perdió su rumbo cristiano. Un segundo matrimonio, en busca de una última compañera de vida, no le fue bien. Dos hijos y cinco nietos le han proporcionado un estilo de vida impresionante. Él ha tratado obediente y felizmente de transmitir la fe cristiana a su familia.

Blurbs

Esta historia demuestra que un matrimonio entre "cristianos" maduros en un entorno eclesiástico, concebido libremente, no garantiza el éxito y puede prescindir por completo de *la fidelidad*. Viajar en la revelación natural de Dios puede acercar a la humanidad a Él, pero puede no mejorar la relación entre humanos que compiten entre sí.

Pero un matrimonio con Dios que Él desea, en el que le honras y proteges el pacto matrimonial con Él a través de *la fidelidad* mutua, resulta en el *gozo* sin fin del mismo.

Celebra la alegría de Su presencia.

www.ingramcontent.com/pod-product-compliance
Lightning Source LLC
LaVergne TN
LVHW050548160826
845677LV00011B/2221

* 9 7 9 8 8 9 5 6 9 3 7 6 6 *